Spontan (4)

Arbeitsheft / Cahier d'activités

■ Sous la direction pédagogique de
Wolf Halberstadt
IA-IPR
Académie de Paris

■ Nathalie Faure-Paschal
Professeur agrégé
Collège Paul Eluard
Guyancourt

■ Delphine de Lamorte-Félines
Professeur certifié
Collège Alfred de Vigny
Courbevoie

■ Charlotte Dor
Professeur certifié
Collège Champollion
Voisins-le-Bretonneux

■ Laure Weynachter
Professeur certifié
Collège Charles Péguy
Le Chesnay

didier

Crédits Photographiques

4	Julia Wesenberg - Fotolia.com
5	Yves Damin - Fotolia.com
5	Yves Damin - Fotolia.com
6 bg	Wikimédia Commons
6 bm	Juergen Henkelmann/Alamy/hémis.fr
6 hd	Interfoto/Alamy/hémis.fr
8 bd	Alfred/Sipa
8 bg	schenkArt - Fotolia.com
8 hg	Rainer Jensen/Picture Alliance/dpa
9 bg	Adam Eastland/age fotostock
9 hd	Bernd Basedow/age fotostock
10 bd	Soeren Stache dpa/lbn/Picture Alliance
10 hd	Iain Masterton/age fotostock
12 bg	Franck Guiziou/hémis.fr
46	„Watch your web" is a project by "IJAB – Fachstelle für Internationale Jugendarbeit der Bundesrepublik Deutschland e.V." /with the friendly assistance of: Bundesministerium für Ernährung, Landwirtschaft und Verbraucherschutz (BMELV)" and Bundesministerium für Familie, Senioren, Frauen und Jugend (BMFSFJ)"
69	Karneval der Kulturen © Frank Löhmer/© Daniela Incoronato
73	DPA/picture alliance
88	Julia Malcher/STOCK4B/GettyImages
100	AKG-Images/Bildarchiv Monheim
101.bd	Michael Klinec/Alamy/hemis.fr
101.hd	Pierre Adenis/Gall/Laif/Réa
116	Bettmann/Corbis

David Bart : 6, 10, 30, 36, 86, 87

Conception et direction artistique de la couverture : Christian Dubuis Santini © Agence Mercure
Principes typographiques des pages intérieures (hors réalisation, dessins, photos et iconographie) : Christian Dubuis Santini © Agence Mercure
Mise en page : Valérie Koudougnon Cornet/IDT - **Photogravure :** Eurésys
Édition : Alexandra Prodromides

Reportage photos : Karsten Thielker
Illustrations :
Lucile Ahrweiller : pictos « Sprache mit System »
Maud Begon : p. 12
Camille Beurton : p. 28, 52, 65, 110
Camille Ladousse : p. 16, 27, 41, 51, 65, 82, 97, 109, 124
Jean-Louis Liennard : cartes, p. 29
Stéphanie Rubini : p. 91
Photomontage :
Maria Inés Langand : p. 73

Verlag und Autoren bedanken sich sehr herzlich bei:
den Schülern und Schülerinnen der Askanischen Oberschule Berlin-Tempelhof, mit denen die Arbeit enormen Spaß gemacht hat. Wir bedanken uns bei Frau Annette Adamaschek **dafür, dass sie diesen Kontakt hergestellt hat, uns mit sehr viel Engagement zur Seite stand und natürlich für das Interview, das sie uns gegeben hat. Wir danken dem Schulleiter der Askanischen Oberschule,** Herrn Forwergck, **dafür, dass er uns die Dreharbeiten in der Schule gestattet hat. Wir möchten an dieser Stelle auch all denen danken, die uns Zeit gewidmet haben und dieses Buch und seine DVD mit ihren Beiträgen bereichert haben:** Edgar Rai, **Schriftsteller und Autor des Jugendromans „Salto rückwärts",** Dr. Friederike Seyfried, **Direktorin, Ägyptisches Museum und Papyrussammlung,** Dr. Bernhard Gleim, **Redaktionsleiter Serien beim NDR,** Patrick Suel **der Librairie Zadig und seinen Mitarbeiterinnen,** Stéphane Collard **und** Benoît Bondiguel. **Unser Dank geht auch an** Valérie Achékian **- für den „Draht nach Berlin" und ihre wie immer wertvolle Kritik!**

ISBN 978-2-278-06906-4

Imprimé en Italie

Achevé d'imprimé en juillet 2011 par l'imprimerie Rotolito Lombarda - Dépôt légal : 6906/01

Inhaltsverzeichnis | Sommaire

Einheit ① Etappe 1

In der Schule

02

1 → *Buch, S. 11,* 1c. In Berlin leben *Hör dir das Interview mit den Berliner Jugendlichen an und sammle Informationen zu ihrem Leben in Berlin (Bezirk, Familie, Hobbys).*

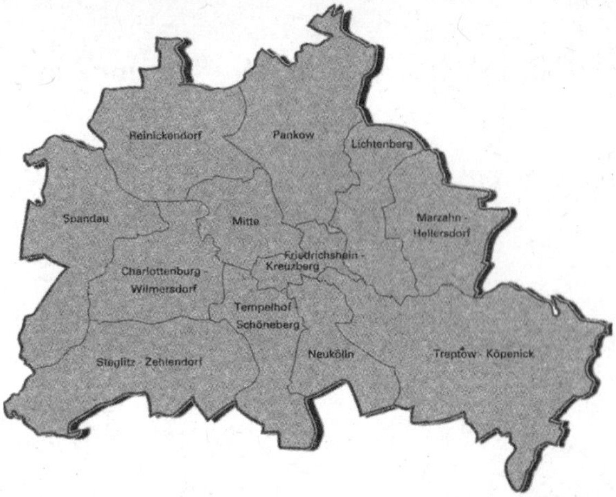

	Bezirk	Stadtteil	Familie	Hobbys
 Joey				
 Marcel				
 Sergen				
 Angelika				
 Kerime				
 Sophie				

Zu Hause

2 *Antworte auf folgende Fragen zu Berlin und Paris. Réponds aux questions sur Berlin et Paris. Si tu ne connais pas la réponse, tu peux chercher dans un dictionnaire ou sur Internet.*

	Berlin	Paris
Wie groß ist … ?	....	....
Wie viel Einwohner hat … ?	....	....
Wann wurde … gegründet?	....	....
Wie hoch ist die Bevölkerungsdichte* von … ?	....	....
Wie viel Bezirke/Arrondissements hat … ?	....	....

* die Bevölkerungsdichte: *la densité de population*

3 *Vergleiche Berlin und Paris mit Hilfe der Wörter aus dem Kasten.*
Compare Berlin et Paris à l'aide des mots de la liste.

höher – größer – mehr – weniger – älter

a. Berlin ist .... als Paris. – **b.** Berlin hat .... Einwohner als Paris. – **c.** Paris ist .... als Berlin. – **d.** Die Bevölkerungsdichte ist .... in Paris als in Berlin. – **e.** Berlin hat .... Bezirke als Paris.

4 *Berühmte Straßen… Aber in welcher Stadt? Kreuze die richtige Antwort an. Des rues célèbres… Mais dans quelle ville ? Coche la bonne réponse !*

	Berlin	Paris	New York	London	Barcelona
Unter den Linden	❑	❑	❑	❑	❑
die Champs-Elysées	❑	❑	❑	❑	❑
Las Ramblas	❑	❑	❑	❑	❑
der Kurfürstendamm	❑	❑	❑	❑	❑

	Berlin	Paris	New York	London	Barcelona
Downing Street	❑	❑	❑	❑	❑
Fifth Avenue	❑	❑	❑	❑	❑

In der Schule

5 → *Buch, S. 12,* 2a. Berlin ist mein Name… *Hier siehst du Fotos von ihren Lieblingsorten. Welche Orte erkennst du?*

1 Hauptbahnhof ....

2 Fernsehturm ....

3 Potsdamer Platz ....

4 Sankt Matthias Kirche ....

5 Konnopkes Imbiss ....

6 → *Buch, S. 12,* 2c. Berlin ist mein Name…
1. Hör dir die Interviews an und sammle Informationen zu folgenden Punkten:

4 à 8

	Wohnort	Lieblingsort	wie sie Berlin finden
Karsten			
Ernst			

	Wohnort	Lieblingsort	wie sie Berlin finden
Martina			
Benjamin			
Gabriele			

4 à 8

7 → *Buch, S. 12,* 2c. Berlin ist mein Name...

2. Welcher Bezirk oder welche Straße ist für sie „typisch Westen" oder „typisch Osten"? Kreuze an.

	Typisch Westen	Typisch Osten
Bahnhof Zoo	❑	❑
Kurfürstendamm (Ku'damm)	❑	❑
Prenzlauer Berg	❑	❑
Unter den Linden	❑	❑
Spandau	❑	❑
Treptow-Köpenick	❑	❑

8 → *Buch, S. 13, 3a.* Liebeserklärungen an Berlin *Lies ihre Aussagen und ordne sie den Slogans zu.*

Slogans	Aussagen (A oder B…)
Berlin: Alles ist möglich!	……………
Berlin: Ohne Toleranz geht nichts	……………
Berlin: Schönes für alle	……………
Berlin: Gestern, heute, morgen	……………
Berlin: Ick lieb dir!	……………

Zu Hause

***9** Berlin ist, wenn… Bilde Aussagen über Berlin nach dem Beispiel.* *Berlin, c'est quand… Forme des phrases sur Berlin selon l'exemple ci-dessous.*

Beispiel: Die Kunst ist auf der Straße. → Berlin ist, wenn die Kunst auf der Straße ist.

Man sieht überall Menschen mit Stadtplänen. – Die Currywurst schmeckt so richtig gut. – Man kann sich 365 Tage im Jahr verrückt anziehen. – Man wird ständig nach dem Weg gefragt. – Das Leben ist schön.

a. ……………………………………………………………………………………

b. ……………………………………………………………………………………

c. ……………………………………………………………………………………

d. ……………………………………………………………………………………

e. ……………………………………………………………………………………

***10** Was mögen die Berliner an ihrer Stadt? Bilde Sätze mit Ausdrücken aus dem Wörterkasten.* *Qu'est-ce que les Berlinois aiment dans leur ville ? Forme des phrases avec les éléments ci-dessous.*

sich wohl fühlen – viele nette Menschen treffen können – das Gefühl haben, nicht allein zu sein – viel Grün um sich herum haben – sich richtig entspannen können

a. In Berlin ....

b. In Berlin ....

c. In Berlin ....

d. In Berlin ....

e. In Berlin ....

In der Schule

***11** → **Buch, S. 14,* 4a. Typisch Berlin!** *Jede Gruppe liest einen der fünf Texte (A, B, C, D oder E) und informiert sich über ein Berliner Symbol.*

Text A

das Brandenburger Tor

Bau: ....

....

Aussehen: ....

....

Ort: ....

....

Geschichte: ....

....

Symbol für: ....

....

Text B

der Berliner Fernsehturm

Bau: ....

....

Aussehen: ....

....

Ort: ....

....

Geschichte: ....

....

Symbol für: ....

....

Text C

die Currywurst

Erfindungsdatum: ....

....

Erfinderin: ....

....

Zutaten*: ....

....

Erfolg: ....

....

* die Zutaten: *les ingrédients*

Text D

das Ampelmännchen

Erfindungsdatum: ....

....

Aussehen: ....

....

Geschichte: ....

....

Heute: ....

Text E

der Berliner Bär

Seit wann? ....

....

Geschichte: ....

....

Symbol für: ....

....

12 → Buch, S. 15, 5 „Dickes B" *Lies den Artikel über die deutsche Band SEEED. Was verbindet sie mit Berlin?*

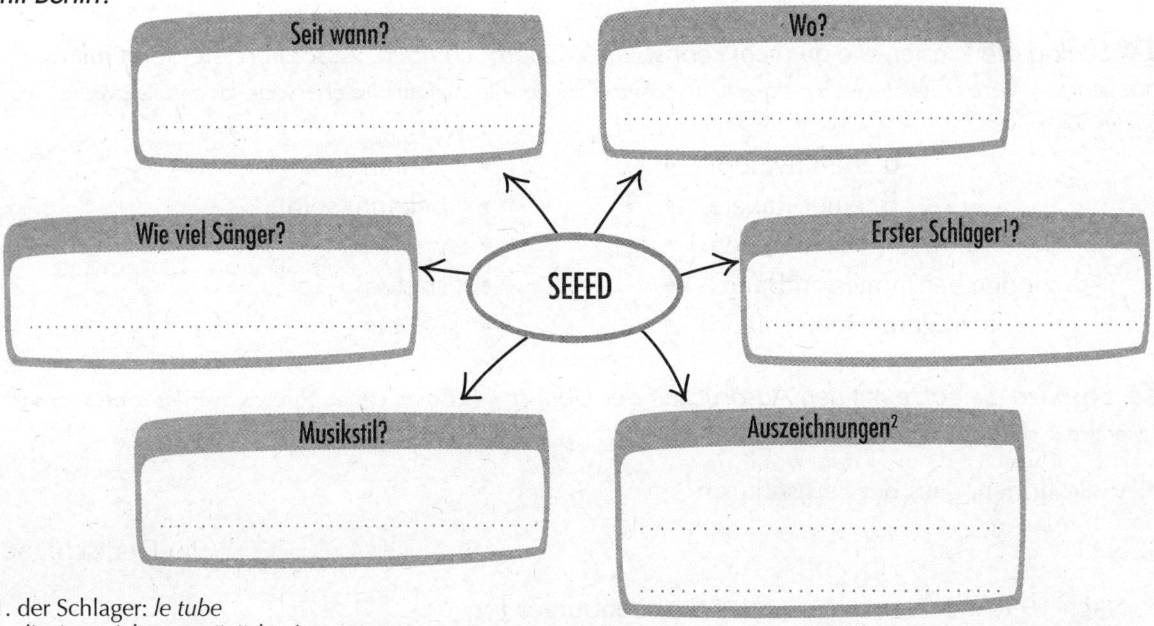

1. der Schlager: *le tube*
2. die Auszeichnung: *(ici) la récompense*

9

13 → Buch, S. 15, Radio Spontan *Auf Radio Spontan gibt es die Sendung zum Thema: Hör sie dir an und mache dir Notizen.*

die Sendung	Titel: ....
der Journalist	Wo ist er? .... Was sieht er? ....
Interview 1	Aktivität 1: .... Aktivität 2: .... Persönliche Meinung: ....
Interview 2	Wo: .... Persönliche Meinung: .... Warum: ....
Fazit des Journalisten	....

Zu Hause

***14** Schlag die Wörter, die du nicht kennst, im Wörterbuch nach. Assoziiere sie dann mit dem passenden Verb.* *Cherche les mots que tu ne connais pas dans le dictionnaire et associe-les ensuite avec le verbe qui convient.*

a. zum Symbol •	• zählen
b. einer Rakete •	• bekannt sein
c. Aktionen •	• werden
d. zu den berühmtesten Bands •	• starten
e. in ganz Deutschland •	• ähneln

***15** Ergänze die Sätze mit den Ausdrücken der Übung 14.* *Complète les phrases avec les expressions de l'exercice ci-dessus.*

a. Viele finden, dass der Fernsehturm ....

b. SEEED .... in Deutschland.

c. Nach 1990 .... das Brandenburger Tor ....

der Wiedervereinigung Deutschlands.

d. Viele Berliner ...., um das Ampelmännchen zu „retten".

e. Der Song „Dickes B" ....

In der Schule

***16** → **Buch, S. 16, 6 Glasdächer…** Sieh dir die Fotos auf Seite 16 und 17 an. Wie heißen diese beiden Gebäude?*

....

....

17 → Buch, S. 16, 7 Erste Eindrücke *Lies den ersten Teil (bis Z. 6) und mache dir Notizen zu folgenden Punkten:*

– das Wetter: ....

– das erste Gebäude, das die Erzählerin sieht: ....

– München und Berlin: Was ist anders? ....

....

18 → Buch, S. 16, 8a. Erste Begegnung *Lies den Infotext zum Berliner Dialekt und lies dann den zweiten Teil des Textes (Z. 7 bis Ende). Übersetze die Worte des Mannes ins Hochdeutsche.*

a. „Was issn nu?" ....

b. „Haste Kummer, Mädchen?" ....

c. „Nich zu viel inne Sonne jehn." ....

d. „Wird janz schön heiß heute." ....

e. „Wenn de nich mehr weeßt, wo et langjeht - dit iss meene Nummer." ....

....

....

19 → Buch, S. 16, 9 Wie geht es weiter? *Wie könnte die Geschichte weiter gehen? Schreibe den nächsten Absatz mit Hilfe der folgenden Ausdrücke.*

Hilfen zum Schreiben

sich allein fühlen – zu weinen an/fangen – ihre Mutter/eine Freundin an/rufen
sich nach einem Hotelzimmer erkundigen – sich dem Taxifahrer an/vertrauen
nach Hause zurück/fahren

....

....

....

....

Zu Hause

20 *Von welchen Berliner „Symbolen" ist hier die Rede? De quels symboles de Berlin est-il question ici ?*

a. Wurst – Tomatenmark – Zwiebeln – Currypulver – Imbiss → ……………………

b. Band – Reggae – Bühne – Konzert – Alben → ……………………

c. Rakete – Ostteil – Alexanderplatz – Raumfahrt → ……………………

d. Wahrzeichen – Pariser Platz – Wiedervereinigung – Stadtmitte → ……………………

e. Glaskuppel – altes Gebäude – Neorenaissance – Mitte → ……………………

f. Hut – Ampel – Trickfigur – Ostberlin → ……………………

21 Schreibtraining *Eine Reise nach Berlin… Was könnte dir gefallen? Was würdest du interessant finden? Was möchtest du sehen/kosten/machen…? Erzähle! Un voyage à Berlin… Qu'est-ce que tu voudrais y voir, acheter, faire ? Raconte.*

** Ce picto t'invite à utiliser ton cahier personnel pour ta rédaction.*

SPRACHE… MIT SYSTEM

Zu Hause

GRAMMATIK

1 *Was passiert, wenn…? Beantworte die Fragen. Que se passe-t-il pour toi quand… ? Réponds aux questions.*

a. Wenn es regnet, ……………………………………

b. Wenn ich Zeit habe, ……………………………………

c. Wenn ich mit den Hausaufgaben fertig bin, ……………………………………

d. Wenn ich schlecht gelaunt bin, ...

e. Wenn ich gut gelaunt bin, ...

2 ***Was weißt du über diese französischen Sehenswürdigkeiten? Bilde Sätze mit folgenden Ausdrücken.*** *Que sais-tu sur ces monuments français ? Forme des phrases avec les éléments ci-dessous.*

a. der Eiffelturm: 325 m ↑

....

b. der Nordturm des Straßburger Münsters: 142 m ↑

....

c. die Avenue des Champs-Elysées: 1910 m → - 70 m ↔

....

3 ***Wie heißen die Einwohner der folgenden Städte?*** *Comment s'appellent les habitants des villes ci-dessous ?*

a. Bremen? → die ....

b. Stuttgart? → die ....

c. Frankfurt? → die ....

d. München? → die ....

e. Göttingen → die ....

4 ***Ergänze die Sätze mit den richtigen Verbformen.*** *Complète avec les formes verbales qui conviennent.*

a. Wegen der Sonne musste ich die Augen .... *(zusammen/kneifen)*

b. Als er .... , sah ich, dass er alt war. *(sich um/drehen)*

c. Ich weiß nicht, wie das Berliner Wappen wirklich .... *(aus/sehen)*

d. Im Deutschunterricht haben wir uns einen Dokumentarfilm über Berlin

.... *(an/sehen)*

AUSSPRACHE [ə]: Szenen aus dem Alltag

1 ***Hör dir die Wörter an und wiederhole sie.*** *Écoute les mots puis répète-les.*

11 Berliner – Bäcker – Einwohner – oder – Gemecker – immer – Wecker

2 *Hör dir den Dialog an.* *Écoute le dialogue.*

12 – In Berlin heißt ein Berliner Pfannkuchen.
– Den kaufst du dann beim Bäcker?
– Genau.
– Also gibt es keine Berliner, die zum Berliner Berliner sagen?
– Nö. Na, willst du ein Einwohner sein oder ein Gebäck und beim Bäcker verkauft werden?
– Stell mir doch nicht so dumme Fragen!
– Ach, geh mir mit deinem Gemecker doch nicht immer auf den Wecker!

3 *Du übernimmst eine Rolle. Übe deinen Teil.* *Choisis un rôle et entraîne-toi à le prononcer correctement.*

13

WORTSCHATZ AKTIV

1 *Welches Wort passt nicht dazu? Streich es durch!* *Barre l'intrus.*

a. teuer – schön – genial – fantastisch – attraktiv
b. Ort – Platz – Straße – Bahnhof – Einwohner
c. Bürger – Einwohner – Bürgermeister – Viertel – Leute
d. Boutique – Dom – Geschäft – Kaufhaus – Supermarkt

2 *Was passt zusammen und ergibt ein Wort?* *Quels éléments vont ensemble et forment un mot ?*

a. Haupt...	•	•	...erklärung
b. un...	•	•	...würdigkeit
c. Einkaufs...	•	•	...stadt
d. Sehens...	•	•	...ort
e. Liebes...	•	•	...glaublich
f. Lieblings...	•	•	...straße

3 *Welches Wort passt? Fülle aus! Vergiss nicht, die Verben zu konjugieren.* *Complète chaque phrase avec l'élément qui convient. N'oublie pas de conjuguer les verbes.*

shoppen gehen – lieben – gemütlich – gefallen – Lieblingsviertel – Spaß – Geschäfte – Café

a. Ich .... meine Stadt! Mein .... liegt im Westen der Stadt. Da gibt es viele .... – **b.** Mit meinen Freunden .... wir dorthin oft .... Das ist so .... ! – **c.** Nach der Schule gehen wir auch manchmal ins .... , um ein Eis zu essen. – **d.** Wir haben viel .... in unserer Stadt! Sie .... uns sehr!

Einheit ① Etappe 2

In der Schule

1** → **Buch, S. 21, **1a. Schule in Deutschland** *Lies die Infotexte A bis E. Welcher Titel passt zu welchem Text?*

Titel	Text
1. Sekundarschule? Was ist das? Wo gibt es das?	………
2. Abitur? Nach wie viel Jahren?	………
3. Fremdsprachen? Wann und wie viel?	………
4. Schule in der Bundesrepublik – überall gleich?	………
5. AGs – Lernen ein bisschen anders?	………

14 **2** → ***Buch, S. 21,*** **1b. Schule in Deutschland** *Hör dir jetzt die Interviews mit den Schülern aus Berlin an. Was sagen sie über ihre Schule? Ihren Schulalltag? Über das Schulsystem?*

	Schule: ………	Klasse: ………
über: die Schularten	bis jetzt: ……… schule oder die ……… schule oder das ……… Die neue Schulart: die ……… schule	
die Fremdsprachen	1. Fremdsprache: ……… 2. Fremdsprache: ……… oder ……… oder ……… oder ……… und eine ………	
der Schulalltag	Schulbeginn: ……… Schulschluss: ……… oder ……… Die Pausen: eine ……… (……… Minuten) und eine ……… Pause (……… Minuten)	
das Essen	in der ……… zwischen ……… und ……… Stunde - Zeit zum Essen: ……… Minuten	
am Nachmittag	………	

Zu Hause

3 *Wenn man die Wahl hat, muss man es sagen! Ergänze die Sätze mit einem der Wörter oder Ausdrücke aus dem Wörterkasten.* Complète les phrases avec l'un des mots ou expressions ci-dessous.

die Wahl haben – wählen – entweder … oder

a. Nach der Grundschule müssen Berliner Schüler zwischen Gymnasium und Sekundarschule

…………………………….

b. Nächstes Jahr geht Lars ……………………… aufs Gymnasium ………………… auf die Realschule.

c. Ich weiß nicht, welche 3. Fremdsprache ich lernen kann. Man ………… nicht immer

…………………………………….

In der Schule

4 → Buch, S. 22, 2a. Eine Schule: zwei Möglichkeiten *Sieh dir den Flyer über das Schillergymnasium an und vergleiche mit deiner Schule. Was ist gleich? Was ist anders? Kreuze an oder ergänze die Tabelle.*

		Beispiel für 9. Klasse Schillergymnasium	mein Stundenplan
Fächer	Mathematik	x	x
	Physik - Chemie	❏	❏
	Biologie	❏	❏
	Schulsprache	Deutsch	……………………………
	Fremdsprachen	…………………………… ……………………………	…………………………… ……………………………
	Latein oder … ?	……………………………	……………………………
	Musik	❏	❏

		Beispiel für 9. Klasse Schillergymnasium	mein Stundenplan
	Kunst	❑	❑
	Sport	❑	❑
	Religion	❑	❑
	Geschichte	❑	❑
	Erdkunde	❑	❑
Stunden	Zahl (in der Woche)	....	....
	Dauer einer Stunde	....	....
Pausen	Zahl (pro Tag)	....	....
	Dauer	....	....

5 → Buch, S. 22, 2b. Eine Schule: zwei Möglichkeiten *Seht euch das Angebot für den Mittag und den Nachmittag an. Was fällt euch auf? Sind diese Aktivitäten obligatorisch? Was würde euch gefallen?*

– Mittag: von .... Uhr bis .... Uhr

– Aktivitäten am Nachmittag: ....

....

– Was mir gefallen würde: ....

6 → Buch, S. 23, 3a. Sekundarschule oder Gymnasium: Das ist die Frage! *Lies den Text und sieh dir die Tabelle an. Welche Unterschiede gibt es in Berlin zwischen Sekundarschule und Gymnasium?*

– **traditionnelles Schulsystem: 3 Schularten nach der Grundschule:**

die ....schule die ....schule

das ....

– eine neue Schule: die Sekundarschule

Sie beginnt ab .... Es gibt keine .... In der .... Klasse gibt es einen mittleren Schulabschluss.

Bis zum Abitur sind es .... Schuljahre. Die Schüler haben .... Stunden pro Woche.

Sie essen .... Ihre Hausaufgaben machen sie ....

Die Schüler werden .... in die nächste Klasse versetzt.

15 **7 → *Buch, S. 23,* 3c. Sekundarschule oder Gymnasium: Das ist die Frage!** *Hör dir die drei Aufnahmen an. In welche Schule gehen die Schüler? Welche Argumente haben sie?*

	Sekundarschule	Gymnasium	Argumente
Anna, 12	❏	❏	....
Benjamin, 12	❏	❏	....
Andrea, 17	❏	❏	....

8 → *Buch, S. 23* > Und jetzt… *Auf einem Blog liest du folgende Meinung: „In Deutschland gehen die Kinder nur vormittags in die Schule!" Das stimmt so nicht. Schreib eine Antwort. Du kannst nuancieren, Beispiele anführen… Am Ende kannst du sagen, dass bei dir in Frankreich alle Schüler in eine Ganztagsschule gehen.*

a. sich Notizen machen

Stichworte zum Thema sammeln:
Beispiel: Schillergymnasium – das Nachmittagsangebot: Beispiele ...
Die Sekundarschulen in Berlin: Nachmittagsangebot / alle Schüler
Gymnasien in Berlin mit Nachmittagsangebot

b. Die Antwort für den Blog schreiben

Gestern hat Thomas L. aus Wien geschrieben, dass die deutschen Schüler nur am Vormittag zur Schule gehen. Das kann man aber so nicht sagen, denn in den letzten Jahren hat sich da viel geändert:

....

....

....

....

Zu Hause

***9** Identisch oder anders? Ergänze die Sätze mit einem der folgenden Ausdrücke.* *Identique ou différent ? Complète les phrases avec l'un des éléments ci-dessous.*

gleich – wie – genau so viel

a. Schulbeginn: .... im Schillergymnasium beginnt bei mir die Schule um acht Uhr.

b. Die großen Pausen: Die großen Pausen sind in beiden Schulen .... lang.

c. Die Stundenzahl: Die Schüler des Schillergymnasiums haben .... Stunden wie ich.

mehr – weniger / länger – kürzer / früher – später

a. Schulbeginn: Bei mir beginnt die Schule ...., nämlich um 8.30 Uhr.

b. Die großen Pausen: Bei mir sind die großen Pausen .... Sie dauern 15 Minuten.

c. Die Stundenzahl: Ich habe .... Stunden als die Schüler des Schillergymnasiums.

***10 Schreibtraining** Vergleiche das Schillergymnasium (Vormittagsangebot) und deine Schule und antworte schriftlich zu folgenden Punkten: der Schulbeginn, die Unterrichtsstunden (Dauer, Zahl pro Woche, Fächer…), die Pausen.* *Compare le Schillergymnasium et ton école et rédige un texte qui abordera les points suivants : le début des cours, les cours (durée, nombre, matières…), les récréations.*

In der Schule

11 → Buch, S. 24, 4a. Der Trend zur Ganztagsschule: warum eigentlich? *Jeder Schüler liest den Text und macht sich Notizen für seine Gruppe (A oder B). Welche Argumente sind für die Schüler? Welche sind vor allem für die Eltern?*

Gruppe A: Argumente, die die Eltern interessieren können	Gruppe B: Argumente, die Schüler motivieren könnten, sich für die Ganztagsschule zu entscheiden
....	....
....	....
....	....
....	....
....	....

12 → Buch, S. 24 > Und jetzt... *Es gibt auch Gegner der Ganztagsschule. Welche Argumente könnten sie haben? Notiere Argumente für die Arbeit im Plenum. Schreib dann alle Argumente auf, die in der Klasse genannt werden.*

1 „Meine" Argumente

....

....

....

....

....

....

....

....

2 Die Argumente im Plenum

....

....

....

....

....

....

....

....

13 → *Buch, S. 25,* 5a. Ein Fach mehr für deutsche Schüler *Lies die Fragen und Antworten zum Thema Religionsunterricht in Deutschland und sammle Informationen zu folgenden Punkten: Schüler (welche?), Fach (Noten? obligatorisch?), Lehrer (Wer unterrichtet?). Ergänze dann die Tabelle.*

	Richtig?	Falsch?	Zitat aus dem Text
Religionsunterricht gibt es nur für wenige Schüler.	❑	❑	....
Schüler über 14 können selber entscheiden, ob sie in den Religionsunterricht gehen.	❑	❑	....
Kinder ohne Religion haben weniger Stunden pro Woche.	❑	❑	....
Für Religion gibt es keine Noten.	❑	❑	....
Alle Lehrer können Religion unterrichten.	❑	❑	....
Beim Religionsunterricht gibt es Unterschiede zwischen den Bundesländern.	❑	❑	....

16

14 → *Buch, S. 25,* Radio Spontan *Auf Radio Spontan gibt es die Sendung zum Thema: Hör sie dir an und mache dir Notizen.*

Cem hat sich für d.......... .... entschieden.

Gründe: ....

....

....

Leandra hat sich für d.......... .... entschieden.

Gründe: ....

....

....

Zu Hause

***15** Meinungen pro und kontra zum Thema Ganztagsschule… Ergänze folgende Sätze mit Ausdrücken aus dem Wörterkasten.* *Des avis partagés sur le thème de la « Ganztagsschule ». Complète les phrases suivantes avec les éléments ci-dessous.*

meiner Meinung nach - meinen - teilen - der Meinung sein

a. „Ich ...., dass man seine Hausaufgaben zu Hause machen sollte und nicht in der Schule."

b. „Viele Eltern finden Ganztagsschulen besser. Ich .... diese Meinung nicht."

c. „Ich ...., dass Ganztagsschulen für viele Familien eine gute Lösung sind."

d. „... ist es besser, mehr Zeit zum Lernen zu haben."

In der Schule

16** → **Buch, S. 26, 7 **Eine Einladung der Schule** *Lies den Text (Zeile 1-19) und mach dir Notizen zu jedem Punkt.*

Der Erzähler: – Vorname – In welcher Person erzählt er die Geschichte?	....
Die beiden anderen Personen	....
Das Thema	....

17 → Buch, S. 26, 8 Schwierige Beziehungen *Lies den Text bis zum Ende und ergänze die Tabelle mit Hilfe der Ausdrücke aus dem Wörterkasten.*

kein richtiges Gespräch – mit Kilian sprechen wollen – strenger Vater – die Mutter gibt dem Vater trotzdem Recht – lieb sein – nicht der gleichen Meinung sein – Extraaufgaben vom Vater – helfen wollen

Die Elternversammlung: – die Personen, die hingegangen sind. – Kilians Leistungen in der Schule	
Die Beziehungen zwischen: – dem Vater und dem Erzähler, – der Mutter und dem Vater, – der Mutter und dem Erzähler.	

18 → Buch, S. 26, 9 Warum ist das so? *Versuche, das Verhalten der drei Personen dieser Geschichte zu beschreiben und zu erklären.*
Tipp: Arbeite mit deinen Notizen der Übung 17 und ergänze sie. Was fällt dir beim Verhalten der Personen auf?

Hilfen zum Schreiben

– Wer spricht? Wer spricht nicht? Wer behält alles für sich?
– Wer wiederholt, was der andere sagt? Wer ist einverstanden?
– Wer befiehlt?
– Wer möchte Kontakt bekommen?
– Warum handeln die Personen so?

Zu Hause

GRAMMATIK

1 *Wie geht es weiter? Stell dir Kilians Leben vor. Bilde Sätze im Futur. Imagine la vie de Kilian. Forme des phrases au futur.*

nächste Woche
am Ende des Jahres
nächstes Jahr

Extraaufgaben bekommen
mit seiner Mutter lernen
Fortschritte machen
die Probezeit bestehen
ins Gymnasium gehen

2 *Was passiert, wenn Kilian es nicht schafft? Verbinde beide Sätze mit* wenn. *Que se passe-t-il si Kilian ne réussit pas ? Relie les deux phrases avec* wenn.

a. Er macht die Extraaufgaben nicht. → Sein Vater wird mit ihm schimpfen.

b. Er geht nicht ins Gymnasium. → Seine Eltern werden enttäuscht sein.

c. Er besteht die Probezeit nicht. → Er wird die Klasse wiederholen.

3 *Hat Kilian die Wahl? Bilde Sätze mit* entweder ... oder. *Kilian a-t-il le choix ? Forme des phrases à l'aide de* entweder ... oder.

a. Er macht die Extraaufgaben. – Er sieht den ganzen Abend fern.

....

b. Er lernt mit seiner Mutter. – Er spielt mit seinen Freunden.

....

c. Er bleibt im Unterricht konzentriert. – Er denkt an etwas anderes.

....

4 *Ergänze die Sätze mit den richtigen Präpositionen und Endungen. Complète les phrases avec les prépositions et les terminaisons qui conviennent.*

a. Thushan und seine Freunde gehen .... d.............. Askanische Oberschule.

b. .... Schulhof können sie Tischtennis spielen.

c. Der Abiball findet am 29. Juni .... d..............Festsaal statt.

d. Viele Schüler gehen regelmäßig .... d.............. Internet-Café.

e. Die Schüler der BigBand-AG spielen montags ab 17.00 .... d.............. Aula.

AUSSPRACHE [ʊ]/[uː]: Szenen aus dem Alltag

1 *Hör dir die Wörter an und wiederhole sie. Écoute les mots puis répète-les.*

18 U-Bahn – zu – Unterricht – gut - musst – Schuld – bummelt – Frust

2 *Hör dir den Dialog an. Écoute le dialogue.*

19 – Wo bist du?
– Warte auf die U-Bahn.
– Du bist schon zu spät für die erste Stunde Unterricht.
– Ist ja gut!
– Du musst dich beeilen.
– Mann! Das ist doch nicht meine Schuld, wenn die Bahn mal wieder bummelt!
– Oh, lass' bitte deinen Frust nicht wieder an mir aus!

20

3 *Du übernimmst eine Rolle. Übe deinen Teil.* *Choisis un rôle et entraîne-toi à le prononcer correctement.*

WORTSCHATZ AKTIV

1 *Welches Wort passt nicht dazu? Streich es durch!* *Barre l'intrus.*

a. der Unterricht – die Stunde – die Hausaufgaben – das Fach – die Freizeit

b. die Stunde – der Vormittag – Französisch – der Nachmittag

c. Abitur – Deutsch – Erdkunde – Kunst – Geschichte

d. die Aktivität – die AG – der Unterricht – der Nachmittag – die Pause

2 *Ergänze die Sätze mit den passenden Informationen!* *Complète les phrases avec les éléments qui conviennent.*

a. „Was ist dein Lieblings ....?" „Deutsch!"

b. „Frau Müller, ich möchte dieses Jahr nicht zur Theater-AG gehen." „Kein Problem! Die AG ist ...."

c. In der Sekundarschule dauert der Weg zum .... 13 Jahre.

d. Die Schüler haben 31 .... Unterricht in der Woche.

e. Im Gymnasium müssen die Schüler ihre .... zu Hause machen. In der Sekundarschule aber machen sie sie während der ....

3 *Was passt zusammen und ergibt ein Wort? Tipp: Mit einem Wort kannst du mehrere Wörter bilden!* *Quels éléments vont ensemble et forment un mot ? Attention : Avec un mot, tu peux en former plusieurs.*

a. Schul… •	• …sprache
b. Vor… •	• …aufgaben
c. Nach… •	• …willig
d. Haus… •	• …schluss
e. Fremd… •	• …zeit
f. Frei… •	• …mittag

Einheit ① Etappe 3

In der Schule

1 → *Buch, S. 31,* 1a. Deutschland – Ost und West
1. Über eine Karte sprechen. Ergänze die Karte, die Deutschland zwischen 1949 und 1990 zeigt.

Die zwei deutschen Staaten (1949-1990)

die B.. D.. (die BRD)

Westd..   W.......... - B........................

B......................

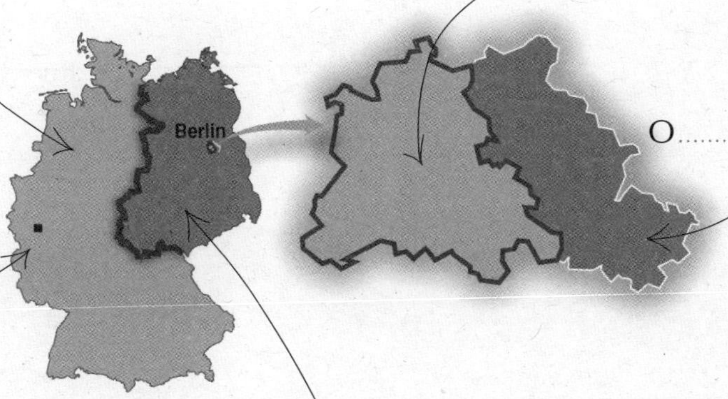

O.......... - B......................

die D........................... D....................................... R........................... (die DDR)

2. Ergänze jetzt den Text mit Hilfe der Informationen. Du weißt bestimmt schon einiges aus dem Geschichtsunterricht.

Die Karte zeigt die Situation von .... bis 1990.
Im Westen lag ....
Die Hauptstadt war .... Im Osten lag die ....
.... Die Hauptstadt war .... West-Berlin lag mitten in der
.... , gehörte aber zur Bundesrepublik
Deutschland. Zwischen beiden Staaten gab es seit 1949 eine Grenze mit Mauern,
Stacheldraht und T.. . In Berlin wurde diese Mauer erst 1961 gebaut.
Ganz West-Berlin war so von Mauern .... Beide Mauern sind im Jahre .... gefallen.

21

2 → Buch, S. 31, 1b. Deutschland - Ost und West
Hör dir an, welche Infos die Berliner Schüler zum Thema haben.

Datum:	Ereignis: ....
Datum:	Ereignis: ....
Unterschied Ost-West	....
Grenze (Todesstreifen)	....
Heute	....

Zu Hause

3 *Die vier Himmelsrichtungen. Ergänze die Spalten zwei, drei und vier nach dem Modell (west-).*
Les 4 points cardinaux. Complète les colonnes 2, 3 et 4 selon le modèle (west-).

west-	Westdeutschland Westfrankreich	im Westen	westlich von
ost-	Ost .... Ost	im	östlich von
süd-	....	im	....
nord-	....	im	....

4 *Sieh dir die Beispiele an und ergänze.* *Regarde les exemples et complète les phrases.*
Beispiel 1: Nantes liegt in Westfrankreich. Nantes liegt im Westen Frankreichs.

Metz liegt in .... Metz liegt im ....

Beispiel 2: Frankreich liegt westlich von Deutschland.

Polen liegt .... von Deutschland.

In der Schule

5 → *Buch, S. 32-33,* 2. 28 Jahre Berliner Mauer

a. *Lies deinen Text und suche zuerst, zu welchem Foto und welchem Datum er passt. Dann lies ihn noch einmal und notiere die Informationen zu deinem Text. Du besprichst die Präsentation mit deinem Partner. Vergleicht eure Notizen. Ihr sprecht ab*, wer was sagt.*

* ab/sprechen: *se mettre d'accord*

b. *Während der Präsentation ergänzt du die drei anderen Tabellen.*

Text A

- das Foto - das Datum - das geschichtliche Ereignis	....
der Text - die Personen - der Ort - das Thema des Gesprächs - was erzählt wird	....

Text B

- das Foto - das Datum - das geschichtliche Ereignis	....
der Text - die Personen - die Handlung in Stichpunkten	.... Zeitpunkt: .... Ort: .... Thema des Briefes: ....

Text C

- das Foto - Zeitangabe - das geschichtliche Ereignis	....
der Text - der Ort - die Handlung - die Personen	....

Text D

- das Foto	....
- Zeitangabe	....
- das geschichtliche Ereignis	....
der Text	
- die Personen	....
- Wer schreibt an wen?	....
- der Ort	....
- was erzählt wird	....
	....

Zu Hause

6 Schreibtraining *Ein Roman schreibt Geschichte: Schreib jetzt einen Text über diesen Roman. Fasse die Handlung zusammen mit Hilfe der Notizblöcke. Un roman écrit l'histoire. Rédige à présent un texte sur ce roman. Résume brièvement l'action à l'aide des notes que tu as prises précédemment.*

7 *Ergänze den Text mit der Präposition* am *oder* zum. *Complète le texte avec les prépositions* am *ou* zum.

Er kam erst .... Nachmittag. Er war .... ersten Mal in Berlin.

Er fuhr .... späten Abend wieder nach Hause. „Und wann will er wieder kommen?"

„Ich glaube, ... 10. Juli."

8 *Wie kann man es nuancierter sagen? Im Text (Buch, S. 32-33) findest du die Wörter, mit denen du die unterstrichenen ersetzen kannst. Verstehst du die Nuance? Sonst schau im Wörterbuch nach. Comment peut-on varier davantage son expression ? Dans le texte (manuel, p. 32-33), tu trouves des mots qui peuvent être remplacés par ceux qui sont soulignés. Comprends-tu la nuance ? Si ce n'est pas le cas, regarde dans ton dictionnaire.*

a. Text A (Z. 20-21): Ich wusste, dass etwas Schlimmes geschehen war.

....

b. Text B (Z. 3): Er sah auf das Blatt. ....

c. Text C (Z. 12): Meik freute sich. ....

d. Text D (Z. 6): Wir sind durch das Brandenburger Tor gegangen.

....

In der Schule

9 → Buch, S. 34-35, 3a. Ein Land wird geteilt - und wieder vereinigt

1. *Jede Gruppe behandelt eine der Episoden.*
2. *Dokumente sammeln und auswählen:*

– *Jede Gruppe arbeitet für ihr Thema (A-H).*
– *Welcher Titel passt zu eurem Thema (1-8)?*
– *Welches Datum/welche Daten passt/passen zu eurem Titel?*

Titel

1. Die Gründung der BRD und der DDR
2. Der Aufstand vom 17. Juni
3. Die vier Besatzungszonen
4. Die Wiedervereinigung
5. Flucht aus der DDR
6. Der Fall der Mauer
7. Eine neue Währung
8. Der Bau der Mauer

Daten

a. 1953
b. 1949
c. 13. August 1961
d. 1945-1949
e. 1990
f. 9. November 1989
g. 1948
h. 1949-1961

Thema	Titel	Datum/Daten
A	....	....
B	....	....
C	....	....
D	....	....

Thema	Titel	Datum/Daten
E	....	....
F	....	....
G	....	....
H	....	....

Zu Hause

10 *Einen Grund angeben… Donner une explication… Ergänze die Sätze mit einem der folgenden Wörter. Complète les phrases avec l'un des mots suivants.*

denn – deshalb/deswegen – weil

a. Ich finde dieses Foto besser, ... man hier die Mauer besser sieht.

b. Man sieht hier gut den Grenzübergang, ... würde ich dieses Foto nehmen.

c. Wir können das Foto und die Statistik nehmen, ... so kann man verstehen, dass viele Menschen über die Grenze gekommen sind.

d. Diese Zeichnung zeigt gut die Situation von Berlin. .... sollten wir sie nehmen.

e. Das Schaubild ist sehr klar, ... man sieht genau, wie die Situation war.

f. Wir schlagen vor, diese Schlagzeile zu nehmen, ... sie in ein paar Worten genau sagt, was passiert ist.

In der Schule

22

11 → ***Buch, S. 35, 4*** **Eine Berlinerin erzählt** *Hör dir das Interview an und achte besonders auf folgende Punkte:*

Hilfen zum Verstehen

der Blickfang: *ce qui attire le regard* – entlang der Mauer: *le long du mur*

Teil 1

Stichwörter	Notizen
die Epoche/das Thema	………………………………………………

Teil 2

Stichwörter	Notizen
- das Ereignis - ihre Gefühle - ihre Gedanken - ihr Handeln	………………………………………………

23

12 → Buch, S. 35, Radio Spontan *Auf Radio Spontan gibt es die Sendung zum Thema: Hör sie dir an und mache dir Notizen.*

Ines Meller	
	Wohnort vor dem Fall der Mauer: ....
	Beruf/Aktivität: ....
	Was merkwürdig war: ....
	Gefühle nach dem Fall der Mauer: ....
	Wohnorte nach 1989: 1. ....
	2. ....
	Ihre Meinung zum Mauerfall: ....
	....

Zu Hause

Schreiben

***13 Schreibtraining** Eine Aussage erläutern. „Wir haben auf einer Insel gelebt.", sagt Frau Adamaschek. Was meint sie damit? Expliquer une citation. « Nous avons vécu sur une île. », raconte Madame Adamaschek. Qu'entend-t-elle par là ?*

Hilfen zum Schreiben

der Vergleich: West-Berlin / eine „Insel" – Von wann bis wann? – die geografische Lage – in Berlin leben – Berlin verlassen – nach Berlin fahren

In der Schule

14 → Buch, S. 36, 5 Mit der S-Bahn in den Wedding
Wie kommt man von Berlin-Kreuzberg mit der S-Bahn in den Wedding? Sieh dir den Linienplan an und beschreibe die Fahrroute.

....

....

15 → Buch, S. 36, 6 Meiks Fahrt mit der S-Bahn *Lies den Text und mach dir Notizen zu folgenden Punkten:*

• (Z. 1-5)

In welcher Zeit spielt die Geschichte? Vor .... der Mauer, vielleicht im Jahre ....

Indizien:

• Ortsangaben:

unter .... hindurchfahren

unter .... durchfahren

unter .... Gebiet sein

• Zeitangabe:

seit .... nicht mehr benutzt

• (Z. 1-2)

Mit wem fährt Meik in der S-Bahn? .... Zu wem? ....

Wohin? (Stadtteil) ....

• (Z. 2-11)

Was gefällt Meik? ....

....

Was sieht er? ....

....

....

Was passiert? (Z. 12-13)...

Wie reagiert seine Mutter? (Z. 13-15)...

....

16 → Buch, S. 36, 7 Wörter im Osten, Wörter im Westen *Lies den Text (Zeile 16 bis zum Ende), notiere die Wörter, die Meik vergleicht und mach eine Liste für den Osten, eine andere für den Westen.*

Was Meik in der DDR sagen sollte	Was Meik in West-Deutschland sagt
....	Ost-Berlin
....	....

Was Meik in der DDR sagen sollte	Was Meik in West-Deutschland sagt
....	....
....	....

Zu Hause

***17** Für folgende Sätze brauchst du eine Präposition, die vor dem Relativpronomen steht. Du findest sie im Wörterkasten. Tipp: Die Lösung für Satz a. findest du im Text, S. 37.*
Pour compléter les phrases suivantes, tu as besoin d'une préposition, placée devant le pronom relatif, que tu trouveras ci-dessous.

durch – in – mit – zu

a. Der Wedding war der Stadtteil, ... dem Onkel Hermann wohnte.

b. Braunschweig war die Stadt, ... der Frau Adamaschek studierte.

c. Die S2 war die S-Bahn-Linie, ... der man in den Wedding fahren konnte.

d. Die Bahnhöfe, ... die man fuhr, waren seit fast dreißig Jahren geschlossen.

e. Der Onkel, ... dem Meik fuhr, wohnte auch in West-Berlin, aber in einem anderen Viertel.

***18** Im Berliner Stadtverkehr… früher und heute… Das Verb* steigen (ie-ie) *hat oft eine Vorsilbe. Schau dir den Wörterkasten an und ergänze die Sätze. Circuler dans Berlin… d'hier à aujourd'hui. Le verbe* steigen (ie-ie) *est souvent accompagné d'un préverbe. Regarde les verbes suivants et complète les phrases.*

ab/steigen – ein/steigen – aus/steigen – um/steigen

Vor dem Fall der Mauer

Diese Bahnhöfe waren geschlossen. Niemand durfte hier .... oder .... Am Bahnhof Friedrichstraße durfte man ...., wenn man nach Ost-Berlin wollte. Dort wurde man von der Grenzpolizei kontrolliert.

Dialog am Schalter einer U-Bahn: „Wie komme ich zum Olympiastadion?" „Da müssen Sie am Alexanderplatz .... und mit der S-Bahn weiter fahren."

Dialog auf der Straße: Polizist: „Hallo, junger Mann. Auf dem Gehweg dürfen Sie nicht radfahren.“ „Ich dachte, es sei ein Radweg!“ „Nee, nun .... Sie erst einmal .... Ihre Papiere bitte.“

SPRACHE... MIT SYSTEM

Zu Hause

GRAMMATIK

1 *Ein Ost-Deutscher erinnert sich. Bilde Sätze wie im folgenden Beispiel.* *Un habitant de l'Allemagne de l'Est se souvient. Construis des phrases en suivant le modèle.*
Beispiel: unter dem Brandenburger Tor stehen - sehr beeindruckt sein
→ Als ich zum ersten Mal unter dem Brandenburger Tor stand, war ich sehr beeindruckt.

a. zum ersten Mal West-Berlin besuchen - 12 Jahre alt sein

....

b. in Dresden leben - die Frauenkirche noch eine Ruine sein

....

c. die Grenze am 9. November überqueren - von niemanden kontrolliert werden

....

d. in den Westen kommen - 100 D-Mark bekommen

....

2 *Ergänze den Text mit den Verben. Benutze dabei den Passiv.* *Complète le texte avec les verbes suivants en utilisant le passif.*

demonstrieren – diskutieren – interviewen – berichten – sprechen

Herbst 1989.

Vor allem in Berlin und in Leipzig wurde viel .... Immer mehr Menschen gingen am Montag auf die Straße. In den Kirchen .... viel ....

Einige Demonstranten .... von Journalisten aus dem Westen

....

Im DDR-Fernsehen .... darüber nur sehr wenig ....

In den Familien .... viel über die Ereignisse ....

3 ***Ergänze folgenden Bericht mit den passenden Verbalformen.*** *Complète le récit ci-dessous avec les formes verbales qui conviennent.*

hatte – war

a. Er .... ihm noch vor zwei Wochen gesagt, dass er nie an eine Flucht

b. gedacht ....

c. Sein Freund .... davon überzeugt, dass er hier bleiben wollte.

d. Aber dann .... er doch gegangen.

e. Niemand .... damit gerechnet.

AUSSPRACHE [aɪ̯]/[ɔʏ̯]/[aʊ̯]: Szenen aus dem Alltag

1 ***Hör dir zuerst die Wörter an und wiederhole sie.*** *Écoute d'abord les mots puis répète-les.*

25 Deutschland – eine – Mauer – genau – wahrscheinlich – keiner – gefreut – nein – heute – zwei – Teile – eins – meine – Leute – feierten – allein – daheim

2 ***Hör dir den Dialog an.*** *Écoute le dialogue.*

26 – In Deutschland gab's mal eine Mauer.
– Genau.
– Da hat sich wahrscheinlich keiner gefreut.
– Nein.
– Aber heute sind die zwei Teile wieder eins.
– Meine ich auch.
– Und da haben sich wahrscheinlich alle gefreut.
– Da kletterten die Leute auf die Mauer und feierten und keiner blieb allein daheim.
– Das hast du jetzt aber schön gesagt!

3 ***Du übernimmst eine Rolle. Übe deinen Teil.*** *Choisis un rôle et entraîne-toi à le prononcer correctement.*

27

1 *Welches Wort passt nicht dazu? Streich es durch! Barre l'intrus.*

a. Die Grenze – teilen – trennen – „der Eiserne Vorhang" – feiern

b. der Mensch – die Grenze – der Bürger – der Arbeiter – der Ostdeutsche

2 *Finde für jedes Wort andere Wörter aus seiner „Familie". Trouve pour chacun des mots suivants d'autres mots de la même famille.*

Substantiv	Verb	Adjektiv/Partizip II
....	bauen	....
....	gründen	....
der Fall	....	....
....	....	geteilt
....	....	geschlossen
....	vereinigen	....
die Flucht		....

3 *Ergänze die Sätze mit den passenden Informationen. Complète les phrases avec les éléments qui conviennent. Attention, les verbes ne restent pas forcément à l'infinitif.*

unglaublich – fallen – teilen – trennen – am – bauen – gründen

a. Nach dem Zweiten Weltkrieg wurde Deutschland in vier Zonen ....

b. 1949 wurden die Bundesrepublik Deutschland und die DDR ....

c. .... 13. August 1961 wurde die Berliner Mauer ....

d. Viele Familien wurden ....

e. Am 9. November 1989 .... die Berliner Mauer. Die Berliner fanden das .... !

Einheit ② Etappe 4

In der Schule

28 **1** → ***Buch, S. 57,* 1b. Computer: von Word bis Cybermobbing** *Hör dir jetzt an, was die Schüler aus Berlin zu den Begriffen sagen. Mach dir Notizen und vergleiche mit euren Ideen. Gibt es andere Informationen?*

Zum Verstehen

klauen: *(fam.) piquer qqch. à qqn*

– Computer: Wozu? ……………………………………

– Gefahren: Welche? ……………………………………

……………………………………

→ Man muss ……………………………………

In der Schule: I…………………………… G……………………

……………………………………

Da lernt man: ……………………………………

……………………………………

Zu Hause

2 *Schlag die Wörter, die du nicht kennst, im Wörterbuch nach. Assoziiere dann a.-e. mit dem passenden Verb. Cherche les mots que tu ne connais pas dans le dictionnaire et associe ensuite a.-e. avec le verbe qui convient.*

a. im Internet •	• chatten
b. ein Profil •	• laden
c. mit Freunden •	• surfen
d. eine Webseite •	• umgehen
e. mit Word oder Excel •	• anlegen

***3** Ergänze die Sätze mit den Ausdrücken der Übung 2.* *Complète les phrases avec les expressions de l'exercice ci-dessus.*

a. Wie lange braucht man, um .... zu .... ?

b. Nach der Schule .... ich ...., und ....

....

c. Nach der Registrierung kann man ....

d. Bei ITG lernt man, ...

In der Schule

***4** → Buch, S. 58,* **2a. Virtuell oder ganz schön real?** *Lies die Texte und schreib Stichwörter auf, die eine Community definieren und die sich auf die Gefahren von Mobbing beziehen.*

eine Community	Mobbing
....	....
....	....
....	....
....	....
....	....
....	....

***5** → Buch, S. 59,* **2b. Virtuell oder ganz schön real?** *Macht gemeinsam ein Assoziogramm, auf dem ihr alles notiert, was ihr zum Thema „Communities" wichtig findet. Ergänzt eure Notizen durch persönliche Meinungen, wenn ihr andere Punkte auch wichtig findet.*

Communities

Vorteile

- ....
- ....

Nachteile

- ....
- ....

Zu Hause

***6** Ergänze mit dem passenden Wort.* *Complète avec le pronom interrogatif qui convient.*

wie – was – wer – warum

a. Anna weiß nicht, ... ihr eine böse E-Mail geschickt hat.

b. Sie versteht nicht, ... einige Jugendliche zu Mobbern werden.

c. Sie fragt den Moderator, ... sie machen soll.

d. Sie möchte auch wissen, ... sie sich vor beleidigenden E-Mails schützen kann.

***7** Beantworte die Fragen mit den Ausdrücken aus dem Wörterkasten!* *Réponds aux questions à l'aide des expressions ci-dessous.*

sich vor Viren schützen – Informationen finden – alte Freunde wieder finden

a. Wozu braucht man ein soziales Netzwerk?

....

b. Wozu braucht man ein Datenschutzsystem?

....

c. Wozu braucht man das Internet?

....

In der Schule

8 → Buch, S. 60, 3a. Watch your web *Lies die Informationen zur Kampagne „Watch your web": Was ist das Ziel?*

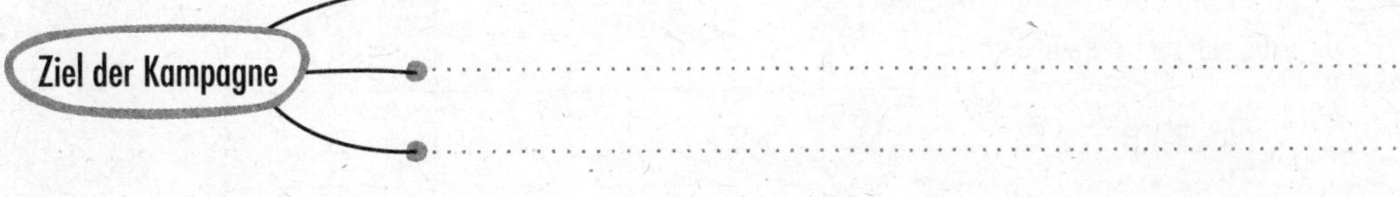

9 → Buch, S. 61, 3b. Watch your web *Lies die Texte und verbinde sie mit den passenden Aussagen im Kasten „4 Fakten". Notiere dir Stichpunkte, die dir helfen, die Texte zu resümieren.*

Gruppe A: Was passt zusammen? Kreuze an.

4 Fakten zum Thema Internet	Geschichte 1	Geschichte 2	Geschichte 3
„Das Internet vergisst nichts."	❑	❑	❑
„Du hast keine uneingeschränkte Kontrolle über die eigenen Daten."	❑	❑	❑
„Virtuelles ist real."	❑	❑	❑
„Es gibt keine privaten Schutzräume im Internet."	❑	❑	❑

Deine Notizen zu:

Geschichte 1	Geschichte 2	Geschichte 3
....	....	....
....	....	....
....	....	....
....	....	....
....	....	....

Gruppe B: Was passt zusammen? Kreuze an.

4 Fakten zum Thema Internet	Text 1	Text 2	Text 3
„Das Internet vergisst nichts."	❑	❑	❑
„Du hast keine uneingeschränkte Kontrolle über die eigenen Daten."	❑	❑	❑
„Virtuelles ist real."	❑	❑	❑
„Es gibt keine privaten Schutzräume im Internet."	❑	❑	❑

Deine Notizen zu:

Text 1	Text 2	Text 3
....	....	....
....	....	....
....	....	....
....	....	....
....	....	....

29

10 → Buch, S. 61, Radio Spontan: *Auf Radio Spontan gibt es die Sendung zum Thema: Hör sie dir an und mache dir Notizen.*

Im Studio sind: ....

Der Blog heißt: ....

Stichworte zum Projekt: ....

Ziel des Projekts: ....

Wer…

… ist auf die Idee gekommen? ....

… kann mitmachen? ....

Meinung des Journalisten: ....

Zu Hause

11 *Ergänze mit* bevor *oder* vorher. *Complète avec* bevor *ou* vorher.

a. Nach der Schule schaltet Maria ihren Computer ein, ... sie ihre Jacke auszieht.

b. Jan hat ein Facebookprofil mit 100 Freunden! .... hatte er aber nicht so viele Freunde.

c. Du sollst alle deine Daten speichern, ... du deinen Computer ausschaltest.

12 *Bilde Sätze mit* auch wenn. *Construis des phrases avec* auch wenn *selon le modèle ci-dessous.*
Beispiel: im Internet surfen - die Gefahren kennen → Ich surfe im Internet, auch wenn ich die Gefahren kenne.

a. ein Profil auf SchülerVZ haben - es / kein Datenschutzsystem geben

....

b. Internetfreunden vertrauen - sie nicht wirklich kennen

....

c. Private Informationen veröffentlichen - alle / es sehen können

....

d. Geheimnisse erzählen - viele Andere / meine Seite lesen können

....

In der Schule

13 → Buch, S. 62, 5 Das Ritual am Nachmittag *Lies den Text (Z. 1-Z. 6) und beantworte die Fragen.*

a. Wo spielt die Szene? ....

b. Was macht die Erzählerin? ....

14 → Buch, S. 62, 6 Ein virtuelles Universum *Lies jetzt den Text bis zum Ende und notiere alles, was du über „Das Spiel" erfährst.*

– Woher kennt Judith das Spiel? ....

....

– Was ist es für ein Spiel? ....

....

– Was denkt sie darüber? ....

....

– Warum ist sie überrascht? ....

....

15 → Buch, S. 62, 8 Irgendwas ist anders *Wähle für Anfang und Ende die passenden Adjektive:*

unheimlich – angenehm – traurig – gemütlich – bedrückend

Anfang: ....

Ende: ....

Zu Hause

***16** Welcher Begriff passt nicht zu den anderen? Streiche durch!* *Barre l'intrus.*

a. Spiel – Game-Master – Schläger – Regel – Mitspieler

b. Computer – Leertaste – Kabel – Tastatur – Universum

c. Zimmer – Kontrolle – Tür – Schreibtisch – Stuhl

d. Buchhandlung – Fantasy-Reihe – Handbuch – Computerspiel – Roman

***17 Schreibtraining** Sind Computerspiele auch wichtig für dich? Was spielst du gern? Mit wem? Wie lange? Wann? Was sagen deine Eltern?* *Est-ce que les jeux vidéo sont aussi importants pour toi ? À quoi joues-tu ? Avec qui ? Quand ? Combien de temps ? Que disent tes parents ?*

SPRACHE… MIT SYSTEM

Zu Hause

GRAMMATIK

***1** Lies das Beispiel und mach weiter!* *Forme des phrases selon le modèle ci-dessous.*
Beispiel: Wie alt ist sie? Ich weiß es nicht. → Ich weiß nicht, wie alt sie ist.

a. Woher kommt er? Ich habe keine Ahnung!

....?

b. Was macht sie denn hier? Ich weiß es nicht ganz genau.

....?

c. Warum hat er so reagiert? Das hat er nicht erklärt.

....?

d. Wie alt ist sie? Sie hat es nicht gesagt.

....?

2 *Ergänze mit* auch wenn *oder* trotzdem. *Complète les phrases avec* auch wenn *ou* trotzdem.

a. Die Eltern haben einen zweiten Computer gekauft, ... es nicht notwendig ist.

b. Die Jugendlichen klicken, ... es Warnungen auf der Webseite gibt.

c. Es ist verboten, einen Film herunterzuladen. Aber manche Jugendliche machen es ....

d. .... es nicht vernünftig ist, glauben manche Menschen alles, was sie im Internet lesen.

e. Es ist manchmal gefährlich, private Informationen im Internet zu anzugeben. .... erzählen viele Jugendliche ihre Geheimnisse auf Facebook.

3 *Ergänze die Sätze mit Ausdrücken aus dem Wörterkasten. Complète les phrases avec les éléments ci-dessous. Attention, il faut faire des modifications !*

im Internet surfen – ein SchülerVZ – Profil anlegen – den Computer einschalten

a. Lies „watch your web", bevor ....

....

b. Sprich mit deinen Eltern, bevor ....

....

c. Mach deine Hausaufgaben, bevor ....

....

4 *Ergänze die Sätze mit Hilfe der Ausdrücke aus dem Wörterkasten. Complète les phrases à l'aide des éléments ci-dessous. Attention, il faut faire des modifications !*

unsere Kinder sind glücklich – alles funktioniert schnell und gut –
unsere Kunden sind zufrieden – die Schüler bleiben nicht sitzen

a. Der Lehrer sagt: „Wir tun alles, damit ....

....

b. Der Moderator sagt „Wir tun alles, damit ....

....

c. Der Unternehmer sagt: „Wir tun alles, damit ....

....

d. Die Eltern sagen: „Wir tun alles, damit ....

....

AUSSPRACHE (l'exclamative, l'interrogative): Szenen aus dem Alltag

***1** Hör dir den Dialog an.* *Écoute le dialogue.*

31

– Hey, was machst du denn da? Liest du etwa meine Mails?
– Jetzt stell dich doch nicht so an!
– Hast du noch nie was von Privatsphäre gehört?
– Das sagt die Richtige!
– Wieso?
– Wenn ich dauernd Fotos von mir und meinem Freund ins Netz stellen würde, dann würde ich mich nicht so aufspielen!
– Wie meinst du das?
– Was ist denn das für eine Privatsphäre, wenn jeder dich beim Shoppen, beim Eis essen, beim Schwimmen, bei Feten sieht und so weiter, und so weiter!
– Das ist doch lange kein Grund, meine Mails zu lesen!
– Die sind eh langweilig!

***2** Du übernimmst eine Rolle. Übe deinen Teil.* *Choisis un rôle et entraîne-toi à le prononcer correctement.*

32

1 *Welches Wort passt nicht dazu? Streich es durch!* *Barre l'intrus.*

a. Computer – Laptop – Handy – Scanner
b. Community – Profil – Schüler – Foto – Forum
c. super – unkontrollierbar – schlimm – unsicher
d. schützen – beleidigen – achten – aufpassen – warnen
e. Diskussionen – Fotos – Filme – Angst – Videos

2 *Was passt zusammen?* *Associe les phrases qui vont ensemble.*

a. Ich möchte mich auf Facebook anmelden. •
b. Sie möchte mit ihren Freunden in Kontakt bleiben. •
c. Er möchte Videos hochladen. •
d. Du schreibst ein Onlinetagebuch. •
e. Ich möchte im Internet Risiken vermeiden. •

• 1. Pass auf! Alle können es lesen!
• 2. Ich muss mein Profil anlegen.
• 3. Sie kann mit ihnen im Internet chatten.
• 4. Du musst ins Netz nur stellen, was andere wirklich sehen dürfen.
• 5. Er muss auf eine legale Webseite gehen.

3 *Finde für jedes Wort andere Wörter aus seiner „Familie".* *Trouve pour chaque mot d'autres mots de la même famille.*

Substantiv	Verb	Adjektiv/Partizip II
....	kontrollieren	....
....	spielen	....
der Chat	....	....
....	mobben	....
die Anmeldung	....	....
die Gefahr		....

Einheit ② Etappe 5

In der Schule

1** → **Buch, S. 67, **1a. Auslandserfahrung** *Welche Ideen verbindest du mit dem Stichwort „Austausch"? Notiere Wörter oder Ausdrücke auf einer Mindmap.*

Austausch

Länder
Deutschland ....
....

Erfahrungen
....
....

Erwartungen
....
....

Kontakte
....
....

Sprachenlernen
....
....

Schwierigkeiten
Heimweh ....
....
....

Dauer
Woche (n) – Monat (e) – Jahr (e) ....
....

33

2** → **Buch, S. 67, **1b. Auslandserfahrung** *Hör dir das Interview mit den Schülern aus Berlin an. Mach dir Notizen zum Thema „Austausch". Achte besonders auf folgende Punkte:*

Sprache
....
....
....
....

Kontakte
....
....
....
....

Erfahrungen	Zukunft
....	....
....	....
....	....

Zu Hause

3 *Maries Austausch… Assoziiere die Sätze mit den passenden Stichwörtern. L'échange de Marie… Associe les phrases aux mots-clés qui conviennent.*

a. Ich bin letztes Jahr drei Monate im Ausland gewesen.

b. Ich bin nach Deutschland gefahren.

c. Meine Austauschpartnerin hieß Charlotte. Ihre Eltern waren sehr lieb.

d. Im Unterricht verstand ich anfangs fast kein Wort.

e. Ich habe aber viele Freunde kennen gelernt. Wir haben viel zusammen unternommen!

f. Ich habe viele Fortschritte* in Deutsch gemacht!

* der Fortschritt: *le progrès*

Land	Kontakte	Dauer	Sprachen lernen	Gastfamilie	Schwierigkeiten
....	....	....	....	....	....

4 *Welcher Begriff passt nicht zu den anderen? Streiche ihn durch! Barre l'intrus.*

a. Deutschland – England – Argentinien – Frankreich – Berlin

b. Monat – Woche – Ferien – Jahr – Tag

c. Lehrer – Gastfamilie – Gasteltern – Austauschpartner – Austauschpartnerin

d. lesen – schreiben – schlafen – verstehen – sprechen

e. Kultur – Zug – Sprache – Mentalität – Schulsystem

In der Schule

***5 → Buch, S. 68,* 2a. Nach Frankreich: Was ist möglich?** *Bildet vier Gruppen. Jede Gruppe liest einen Erfahrungsbericht in A, B, C oder D und macht sich Notizen zu folgenden Punkten:*

	Austausch (Dauer, Gastfamilie, Austauschpartner, Schwierigkeiten)	Erfahrungen (positive/negative Aspekte)
Amelie		
Thomas		
Juliane		
Luisa		

6 → Buch, S. 69, 2c. Nach Frankreich: Was ist möglich? *Jede Gruppe stellt ihren Erfahrungsbericht vor.*

Redemittel

Ich habe den Bericht von … gelesen.
Er/Sie ist … Jahre alt.
Er/Sie war zum Austausch in … .
Er/Sie hat am …-Programm teilgenommen.
Er/Sie ist … Monate in … geblieben.
Einerseits hat es ihm/ihr gefallen, anderseits … .
Abschließend kann man sagen, dass … .

34

7 → Buch, S. 69, 2d. Nach Frankreich: Was ist möglich? *Jugendliche erzählen von ihrem Austausch. Hör dir die Interviews an. Bei welchem Austausch haben sie mitgemacht? Was hat ihnen daran gefallen und was hat es ihnen gebracht?*

	Lisa	Jonas	Hannah
Austausch	…………… …………… ……………	…………… …………… ……………	…………… …………… ……………
Was ihnen gefallen hat	…………… …………… ……………	…………… …………… ……………	…………… …………… ……………
Was es ihnen gebracht hat	…………… …………… ……………	…………… …………… ……………	…………… …………… ……………

8 → Buch, S. 69 > Und jetzt… *Welches Austauschprogramm würdest du gerne machen? Was gefällt dir daran?*

Redemittel

Ich würde gern …, denn … . – Besonders interessant finde ich, dass … . – An diesem Austausch gefällt mir, dass … . – Ich hätte Lust, … . – Allerdings habe ich auch etwas Angst vor … . – Ich bin der Meinung, dass … .

Zu Hause

9 *Wie war dein Austausch? Bilde mit A und B einen kompletten Satz. Vergiss nicht, die Sätze mit dem Infinitiv mit zu zu ergänzen! Comment était ton échange ? Forme une phrase complète à l'aide des rubriques A et B. N'oublie pas l'infinitif complément avec zu !*

A

a. Es war super, … – **b.** Meine Gasteltern waren immer bereit, … – **c.** Es machte sehr viel Spaß, … – **d.** Ich hatte die Chance, … – **e.** Ich habe die Absicht, …

B

… meine Gastfamilie nächstes Jahr besuchen - … mich mit meinem Austauschpartner verstehen - … etwas mit mir unternehmen - … Fortschritte in Deutsch machen - … an diesem Austauschprogramm teilnehmen

a. ....

b. ....

c. ....

d. ....

e. ....

10 *Schlag die Wörter, die du nicht kennst, im Wörterbuch nach. Assoziiere dann a.-g. mit dem passenden Verb. Cherche les mots que tu ne connais pas dans le dictionnaire puis associe a.-g. au verbe qui convient.*

a. viele Vokabeln und Redewendungen •	• verbringen
b. auf sich allein •	• machen
c. schöne Monate •	• verbessern
d. eine interessante Erfahrung •	• lernen
e. Fortschritte •	• machen
f. seine Sprachkenntnisse •	• kennenlernen
g. die Lebensweise der Franzosen •	• gestellt sein

11 *Ergänze folgende Sätze mit den Ausdrücken aus der Übung 10. Complète les phrases ci-dessous avec les éléments de l'exercice précédent.*

a. Ich möchte ....

b. In Deutschland werde ich sicher ....

c. Ich hätte wirklich Lust, ...

d. Mein Austauschpartner kann mir ....

Schreiben

12 Schreibtraining *Mit Hilfe der Erfahrungsberichte (Buch, Seiten 68-69) schreibst du einen kurzen Text zum Thema „Austausch, was ist daran positiv?" Tu rédigeras un petit texte sur le thème « Qu'y a-t-il de positif dans un échange ? », en t'appuyant sur les témoignages des pages 68-69 du manuel.*

Kontakte – Sprache – Schule – Persönlichkeit – Zukunft

In der Schule

13** → **Buch, S. 70, **3a. Das Autausch-ABC** *Lies das ABC und notiere Informationen zu deinem Thema.*

Gruppe 1	Gruppe 2	Gruppe 3
Was man wissen muss (Zahlen, Fakten…)	Was man tun soll (oder nicht)	Was der Aufenthalt bringt
Beispiel: Im September das DNB nachmachen können.	Beispiel: sich anpassen	Beispiel: Die Kultur des Nachbarlandes entdecken
....	....	....
....	....	....
....	....	....
....	....	....
....	....	....

14 → Buch, S. 71 > Und jetzt… *Wie siehst du jetzt deine Beteiligung an einem Austauschprogramm? Was hast du erfahren? Was würde dir leicht fallen? Was wäre etwas schwieriger für dich?*

Hilfen zum Schreiben

Ich habe erfahren, dass … . – Mir würde bestimmt leicht fallen, … . – Ich kann mir vorstellen, dass ich … . – Es könnte sein, dass … .

35

15→ Buch, S. 71, Radio Spontan *Auf Radio Spontan gibt es die Sendung zum Thema: Hör sie dir an und mache dir Notizen.*

der Journalist	Wo? …………………………………………
	Thema der Sendung? …………………………………………
Interview 1	Infos zur Person: …………………………………………
	Reaktionen: …………………………………………
	Fragen, die der Interviewte sich stellt: …………………………………………
	…………………………………………
Interview 2	Infos zur Person: …………………………………………
	Reaktionen: …………………………………………
	Meinungen: …………………………………………

Zu Hause

16 *Tipps für den Austausch! Setze die Verben in die Imperativform.* Conseils pour l'échange ! *Mets les verbes entre parenthèses à l'impératif.*

a. …………………… vor deiner Abfahrt mit deinem Austauschpartner! *(chatten)* – **b.** …………………… freundlich! *(sein)* – **c.** …………………… an den Alltag deiner deutschen Familie … ! *(sich anpassen)* – **d.** …………………… mit deinem Austauschpartner, wenn du Heimweh hast! (*sprechen*) – **e.** …………… in der Schule …… ! (*mitmachen*) – **f.** …………………… keine Angst, Fehler zu machen! (*haben*)

17 *Assoziiere die Wörter mit dem passenden Verb.* *Associe les expressions avec le verbe qui convient.*

a. ein Stipendium •	• bleiben
b. im Unterricht •	• schreiben
c. einen Blog •	• stellen
d. für (jemanden) •	• bekommen
e. einen Bericht •	• anlegen
f. Fragen •	• mitkommen
g. viel Neues •	• verantwortlich sein
h. in Kontakt •	• erfahren

18 *Ergänze folgende Sätze mit den Ausdrücken aus der Übung 17.* *Complète les phrases ci-dessous avec les éléments de l'exercice précédent.*

a. Die Gastfamilie ist ....

b. Man kann auch vom DFJW ....

c. Nach dem Aufenthalt kann man ....

d. Ich glaube, ich hätte Angst, ...

e. Ich würde gerne ....

f. E-Mails sind eine gute Lösung, um ....

19 Schreibtraining *Austausch? Kein Problem! Schreib die zehn Gebote für einen erfolgreichen Austausch (in der Imperativform)!* *Des conseils pour l'échange ? Pas de problème ! Rédige les dix commandements pour un échange réussi (à l'impératif) !*

In der Schule

20 → **Buch, S. 72, 5a. Erste Eindrücke** *Lies den Anfang des Textes. Josefine hat gemischte Gefühle. Suche nach Indizien…*

Textzitat	Josefines Gefühle
Z. 4 – Z. 5	traurig
Z. … – Z. …	....
Z. … – Z. …	....

21 → *Buch, S. 72,* 5b. Erste Eindrücke *Lies jetzt den Text zu Ende. Josefine lernt die Familie von Nicola auf dem Bahnhof kennen. Achte auf folgende Aspekte: Begrüßung, die Gastfamilie: Nicolas Schwestern und die Mutter.*

1. Begrüßung

	Begrüßung
Gesten	....
Wörter	....

2. Die Gastfamilie

Die Gastfamilie	Alter, Charakter, Verhalten...
Nicolas Schwestern	....
die Mutter	....

22 → *Buch, S. 72,* 6 Bilanz nach der Ankunft *Hat deiner Meinung nach Josefine am Ende immer noch Panik? Suche nach Zitaten im Text.*

Textzitate: ....

....

....

Interpretation

Ich glaube, dass Josefine ..., denn ... – Meiner Meinung nach ... – Josefine fühlt sich wahrscheinlich besser, weil ...

23 → ***Buch, S. 72, 7*** **Auf Fehlersuche** *Nicola macht ein paar Fehler. Du kannst bestimmt besser Deutsch als er. Korrigiere seine Sätze.*

Nicolas Fehler	Deine Korrektur
Isch 'offe, du 'ast ge'abt eine gute Fahrt mit die Züg.	
Voilà, isch möchte dir vorstellen meine Famil.	
Natalie ist 'eute Natwoman, die fuschtlose Räscherin. Sie auch schon war Catwoman, Spiderwoman oder Popye. Aber meist sie ist Natwoman.	
Sie ist meine älter Schwester.	
Sie ist verliebt dauernd. Aber immer unglücklisch.	

24 → ***Buch, S. 72, 8*** **Am Tag danach...** *Schreib die nächste Seite von Jojos Tagebuch. Sie ist mit Nicola in die Schule gegangen, hat Franzosen getroffen (beim Einkaufen, im Bus, auf der Straße...) und sie hat Nicolas Familie besser kennengelernt... Schreib mindestens 120 Wörter!*

Hilfen zum Schreiben

Freitag, 23. Mai, abends

Wenn ich an meine Ankunft denke, muss ich lachen! Panik?!...
Hier ist es...
Ich war gestern in der Schule...
Nicolas Freunde sind...
Wir haben zusammen...
Mit der Sprache...
Und Nicolas Familie...
Seine Schwestern sind...
Und seine Eltern...
Mein Aufenthalt in Frankreich...

25 → Buch, S. 72 > Und jetzt… *Tagebuch führen – wie findet ihr das?*

Redemittel

das Tagebuch - in sein Tagebuch schreiben – sich aus/drücken – etw. vertrauen – alles sagen können – sich wohl/besser fühlen – nie allein sein – (nicht) schreiben mögen – lieber einen Blog führen…

Zu Hause

26 Schreibtraining *Schreib einen Text über Josefine mit Hilfe des Steckbriefs und des Textes (Alter, Familie, Charakter, Freunde, Gastfamilie, Aufenthalt in Frankreich…). Écris un texte sur Josefine en t'aidant de sa fiche d'identité et du texte (âge, famille, caractère, amis, famille du correspondant, séjour en France…).*

27 *Ergänze folgende Sätze mit der richtigen Verbform im Präteritum. Complète avec le prétérit des verbes entre parenthèses.*

Nicola .... schon in Deutschland bei Josefine. *(sein)* Der Aufenthalt in Deutschland .... ganz gut. *(laufen)* Josefine .... Nicola super nett! *(finden)* Am Bahnhof in Frankreich .... sich Josefine nicht wohl. *(fühlen)* Sie .... Angst vor der Trennung von ihrem Freund. *(haben)* Aber schon am Tag danach .... es kein Problem für Josefine mehr! *(geben)*

28 *Antworte auf die Fragen über den Text. Du kannst mit* weil *oder* denn *antworten. Réponds aux questions sur le texte. Tu peux utiliser* weil *ou bien* denn.

a. Warum empfand Josefine Panik, als sie in Frankreich ankam? ....

....

b. Warum ist Josefines Familie überrascht, als sie den Namen Nicola hört? ....

....

c. Warum sieht eine Schwester von Nicola unglücklich aus? ....

....

Zu Hause

GRAMMATIK

1 *Ergänze die Infinitivsätze mit Ø oder* zu. *Complète les groupes infinitifs avec Ø ou* zu.

– Hast du Lust, nach Deutschland .... fahren?

– Ja, aber ich habe Angst, Schwierigkeiten mit der Sprache .... haben.

– Aber du kannst schon mit deinem Austauschpartner .... chatten und dein Deutsch .... verbessern!

– Da hast du recht! Ich muss ihm auch .... vorschlagen, per Webkamera .... kommunizieren.

– Ja, gute Idee! Das wird einfacher für dich .... sein!

2 *Tipps für den Austausch! Bilde Sätze in der Imperativform. Conseils pour l'échange ! Forme des phrases à l'impératif.*

a. offen und optimistisch sein ....

b. einen Blog an/legen ....

c. mit dem Austauschpartner chatten ....

d. sich an die Gastfamilie an/passen ....

e. mit den Gasteltern über dein Heimweh sprechen ....

3 *Warum denn? Ergänze die Sätze mit* denn, weil *oder* da. *Complète par* denn, weil *ou* da.

a. Das Voltaire-Programm heißt „Voltaire", ... der Philosoph mit Friedrich II. befreundet war und in Potsdam gelebt hat. – **b.** .... es mehr Freizeit in Deutschland als in Frankreich gibt, kannst du mehr Sport treiben oder Musik spielen. Echt klasse! – **c.** Es war für ihn ein bisschen schwierig in Deutschland, ... er die Sprache nicht gut verstand. – **d.** Ein Austausch ist eine gute Erfahrung, ... man wird selbstsicherer und autonomer. – **e.** .... Josefine einen Freund in Deutschland hat, hatte sie keine Lust mehr, nach Frankreich zu fahren.

AUSSPRACHE [ç] / [ʃ]: Szenen aus dem Alltag

37 **1** *Hör dir die Wörter an und wiederhole sie.*

besprechen – Austausch – Schule – sicher – möchte – ich – nicht – Frankreich – euch – Möglichkeit – echt – richtig – glücklich

38 **2** *Hör dir dann den Dialog an und markiere „sch" mit einem roten Marker und „ch" mit einem blauen Marker. Écoute le dialogue et surligne le son [sch] en rouge et le son [ch] en bleu.*

– Kann ich mal was mit dir besprechen?
– Ja, sicher.
– Ich möchte gerne diesen Austausch machen.
– Ja?
– Und ich weiß nicht, ob ich das schaffe mit der Schule und Frankreich und euch alle so lange nicht zu sehen…
– Aber das ist doch eine tolle Möglichkeit!
– Ich weiß!
– Du musst das machen. Echt. Da bin ich mir sicher!
– Sicher?
– Ja, du wirst sehen, das wird eine schöne Zeit und du wirst richtig glücklich sein!

39 **3** *Du übernimmst eine Rolle. Übe deinen Teil. Choisis un rôle et entraine-toi à le prononcer correctement.*

WORTSCHATZ AKTIV

1 *Welches Wort passt nicht dazu? Streich es durch! Barre l'intrus.*

a. selbstsicher sein – Angst haben – viel erleben – bereichernd sein – Fortschritte machen
b. erzählen – sprechen – lernen – kommunizieren – vermissen
c. Austauschprogramm – Erlebnis – Erfahrung – Familie – Abfahrt
d. Computer – Austausch – Kultur – Sprache – Gastfamilie

2 *Was passt zusammen und ergibt ein Wort? Tipp! Mit einem Wort kannst du mehrere Wörter bilden! Quels éléments vont ensemble et forment un mot ? Attention ! Avec un mot, tu peux en former plusieurs.*

a. Austausch… •	• …weh
b. Gast… •	• …schwierigkeit
c. kennen… •	• …programm
d. Auslands… •	• …familie
e. Sprach… •	• …partner
f. Heim… •	• …lernen
	• …erfahrung
	• …kenntnisse
	• …eltern

3 *Suche das passende Verb zu a.-f. Cherche le verbe qui convient pour compléter les amorces a.-f.*

a. seine Sprachkenntnisse •	• anpassen
b. Fortschritte •	• beherrschen
c. eine Sprache •	• teilnehmen
d. ein Jahr •	• verbessern
e. an einem Programm •	• verbringen
f. sich an die Gastfamilie •	• machen

Einheit ② Etappe 6

In der Schule

40

***1* → *Buch, S. 77,* 1b. Aus aller Welt** *Hör dir die Interviews mit den Berliner Jugendlichen an und sammle Informationen zu folgenden Punkten:*

	Herkunft	Familie	Sprache	Traditionen
 Kerime				
 Angelika				
 Sergen				
 Thushan				

Zu Hause

2 *Ordne die Wörter und Ausdrücke dem richtigen Thema zu.* *Classe les mots et expressions suivants dans la colonne qui convient.*

Weihnachten feiern - mit anderen Ausländern gut leben - die Muttersprache - aus Russland kommen - anders sein - Geschenke bekommen - gut Deutsch sprechen können - in Deutschland geboren sein - nach Mazedonien ziehen - andere Kulturen kennen lernen - die Fastenzeit - in der Türkei leben - eine andere Sprache beherrschen - mit jemandem Albanisch reden - seit fünf Jahren in Berlin leben

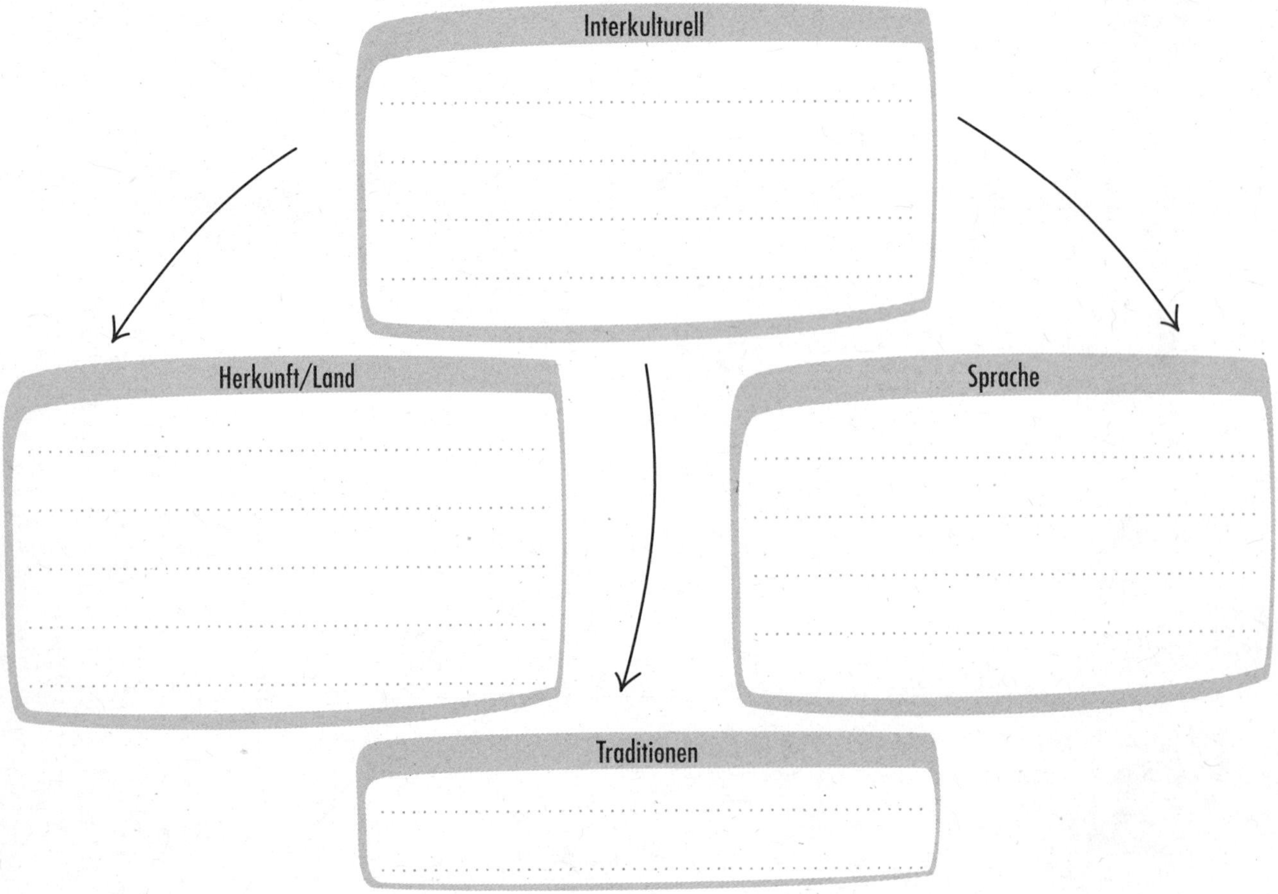

3 *Ergänze mit der richtigen Präposition.* *Complète avec la préposition qui convient.*

in – nach – aus – seit – zu – mit

a. Kerime hat fünf Jahre .... Deutschland gelebt. Dann ist sie .... Mazedonien gezogen.

b. Angelika ist .... Russland geboren. Sie ist .... Niedersachsen gezogen und mit fünf Jahren dann .... Berlin. .... Hause spricht sie .... ihren Eltern Russisch.

c. Sergen kommt .... der Türkei und ist .... Deutschland geboren. Er lebt schon .... ein paar Jahren in Berlin-Tempelhof. Er findet, dass man hier .... vielen anderen Ausländern gut leben kann.

In der Schule

4 → Buch, S. 78, 2a. Karneval… der Kulturen *Sieh dir die Fotos an. Achte auf die Leute, ihre Kleidung und Gesichtszüge, ihre Herkunft. Was fällt dir auf?*

....

....

....

....

5 → Buch, S. 78, 2b. + c. Karneval… der Kulturen
Lies jetzt zwei Pressestimmen (A-B, C-D oder E-F) zum Karneval der Kulturen. Sammle Informationen zu folgenden Punkten (nicht alle Texte behandeln alle Punkte): Ort, Teilnehmer, Publikum, Vielfalt der Kulturen, Gefühle. Die Schüler ergänzen ihre Notizen.

Ort	Teilnehmer
....	....
....	....
....	....

Publikum

....

....

....

....

Vielfalt der Kulturen

....

....

....

....

Gefühle

....

....

....

6 → Buch, S. 79, 3a. Karneval… der Wörter *Lies die sechs Texte. Notiere Serien von Wörtern, die mit den gleichen Buchstaben beginnen (Alliteration: **K**arneval der **K**ulturen), Wiederholungen, Beschreibungen (Adjektive), Aktionen (Verben).*

	Zitate
Alliterationen	....
Wiederholungen	....
Beschreibungen (Adjektive)	....
Aktionen (Verben)	....

Zu Hause

***7** Karneval… der Adjektive und der Adverben: Finde die Gegensatzpaare!* *Carnaval… des adjectifs et des adverbes. Trouve les antonymes.*

bunt – erschöpft – leise – glücklich – alt – schön – zusammen – fit – laut – traurig – jung – hässlich – einfarbig – allein

.... / .... / ....

.... / .... / ....

.... / .... / ....

.... / ....

***8** Ergänze die Sätze mit einem Adjektiv aus der Übung 7. Pass auf die Endung auf!*
Complète les phrases avec un adjectif de l'exercice 7. Attention à la terminaison !

a. Am Anfang waren alle Teilnehmer ....

b. Ich habe einen .... Mann kennengelernt, der aus Polen kam.

c. Mir gefielen sein .... Kostüm und seine .... Maske.

d. Am Ende des Tages sah man viele .... Gesichter.

e. Tausende Berliner, ob* .... oder alt, erlebten einen .... Tag.

* ob … oder … : *qu'ils soient … ou …*

***9** Schlag die Wörter, die du nicht kennst, im Wörterbuch nach. Assoziiere dann a.-f. mit dem passenden Verb.* *Cherche les mots que tu ne connais pas dans le dictionnaire puis associe a.-f. au verbe qui convient.*

a. kubanischen Salsa •	• schlagen
b. Kampfsportarten •	• demonstrieren
c. entspannt und friedlich •	• tragen
d. bunte Kostüme •	• trainieren
e. beim Karneval der Kulturen •	• tanzen
f. die Sambatrommel •	• sein

10 *Ergänze die Sätze mit den Ausdrücken der Übung 9.* *Complète les phrases avec les expressions de l'exercice ci-dessus.*

a. Ich habe Lust, ...

b. 94 Gruppen aus 70 Nationen ....

....

c. Ich weiß nicht, ob ich .... könnte.

d. Die Stimmung ....

In der Schule

11 **→ *Buch, S. 80,* 4b. Willkommen!** *Lies jetzt den Text. Was erfährst du über das Plakat, die Gründe für diese Kampagne, das Ziel der Kampagne?*

- **Das Plakat:**

  - Was ist die Botschaft? ....

  ....

  - Sprachen… Wie viel? Welche? ....

  ....

  - Wer hat diese Kampagne gemacht? ....

  ....

- **Die Gründe für diese Kampagne:** Was sind die Pluspunkte der Vielfalt? ....

  ....

  ....

  ....

- **Das Ziel der Kampagne:** ....

  ....

12 → Buch, S. 80, 4c. Willkommen! *Wie findet ihr diese Kampagne?*

Redemittel

🙂	☹
eine gute/interessante/tolle/ wichtige Initiative sein, denn … eine Chance sein, … zu + *inf*. die Integration / das friedliche Zusammenleben fördern[1] die Diskriminierung abschaffen[2]	nutzlos sein nichts bringen viel Geld kosten

1. fördern: *faciliter*
2. abschaffen: *supprimer*

41

13 → Buch, S. 81, 5b. Eine Fernsehserie: „Türkisch für Anfänger" *Hör dir das Interview mit Cordula an, die von der Serie erzählt. Hast du richtig getippt?*

Thema:

………………………………………………………………………………

………………………………………………………………………………

Doris: Psychologin, 39.
Sehr glücklich mit Metin.

………………………………

………………………………

………………………………

………………………………

Metin: Kommissar.
Eine Großfamilie ist ganz schön kompliziert.

………………………………

………………………………

………………………………

Nils: Schüler, 11.
Glücklich: ein neuer Papa

………………………………

………………………………

………………………………

Yağmur: Schülerin, 16.
Gläubige Muslimin.

………………………………

………………………………

………………………………

Cem: Schüler.
Der Macho-Bruder

………………………………

………………………………

………………………………

Lena: Schülerin, 16.
Nicht so glücklich über die neue Situation.

………………………………

………………………………

………………………………

14 → Buch, S. 81, 5c. Eine Fernsehserie: „Türkisch für Anfänger“ *Lies den Zeitungsartikel und mache dir Notizen zu folgenden Punkten: Kritik der Serie, positive Aspekte, Fiktion und Realität.*

Kritik der Serie: ....

....

Positive Aspekte: ....

....

....

....

Fiktion und Realität: ....

....

....

....

42

15 → Buch, S. 81, Radio-Spontan: *Auf Radio Spontan gibt es die Sendung zum Thema: Hör sie dir an und mache dir Notizen.*

- Wer spricht?

	Land	Stadt
Akiko aus	....	....
Fabio aus	....	....
Max aus	....	....

- Die Stadt, in der die drei zur Zeit wohnen ....
- Wie sie ihr Leben dort finden.

Akiko → ....

....

Fabio → ....

....

Max → ....

....

Zu Hause

16 *Schreib das passende Adjektiv oder Substantiv. Complète les colonnes avec les noms ou les adjectifs qui conviennent.*

Adjektiv	Nomen
unterschiedlich	....
....	die Kultur
religiös	....
....	die Wirtschaft
....	die Farbe
vielfältig	....
....	das Ausland
kreativ	....
....	das Individuum
wichtig	....
....	die Politik

17 *Ergänze mit der richtigen Präposition. Complète avec la préposition qui convient.*

an (2 x) – für (2 x) – über – aus

a. Sie erinnert sich .... ihre Ferien in Brasilien.

b. Diese Farben eignen sich nicht .... unsere Kostüme.

c. Diese Migranten stammen .... der Türkei.

d. Viele Touristen informieren sich .... den Karneval der Kulturen.

e. Tausende von Menschen nehmen .... dem Karneval teil.

f. Viele Berliner engagieren sich .... ein besseres Zusammenleben.

18 *Schlag die Wörter, die du nicht kennst, im Wörterbuch nach. Assoziiere dann a.-e. mit dem passenden Verb.* *Cherche les mots que tu ne connais pas dans le dictionnaire puis associe a.-e. au verbe qui convient.*

a. einen Migrationshintergrund •	• vermitteln
b. eine Botschaft •	• haben
c. herzlich willkommen •	• wollen
d. zusammen ziehen •	• gewöhnen
e. sich aneinander •	• sein

19 *Bilde Sätze mit den Ausdrücken der Übung 18.* *Forme des phrases avec les expressions de l'exercice 18.*

a. Metin und Dorin sagen ihren Kindern, dass sie ....

b. Die Neuzuwanderer .... in Berlin ....

c. Der Berliner Beauftragte für Integration und Migration möchte ....

....

d. 40 % der deutschen Schüler ....

e. Familien Schneider und Öztürk müssen ....

20 Schreibtraining *Wähle Thema a. oder b.* **a.** *Hast du schon Kontakte mit anderen Kulturen geknüpft? (Freunde, Reisen, Bücher, Filme, Musik, Internet…) Erzähle davon.* *As-tu déjà noué des contacts avec d'autres cultures ? (amis, voyage, livres, films, musique, Internet…) Raconte ton expérience.*
b. *Du lebst erst seit ein paar Jahren hier. Wie fühlst du dich in Frankreich?* *Tu vis ici depuis quelques années. Comment te sens-tu en France ?*

Hilfen zum Schreiben

gefallen – sich erinnern an + *acc.* – oft denken an + *acc.* – Wurzeln haben – die Ferien verbringen – die Familienfeste – lange bleiben wollen – das Wetter – das Schulsystem

In der Schule

21 → ***Buch, S. 82, 6a.*** **Multi-Kulti im Vorabendprogramm** *Sieh dir die Bilder der ersten Folge von „Türkisch für Anfänger" an und sammle Informationen zu folgenden Punkten:*

	Ort – Handlung	Figuren: Mimik, Gefühle, Beziehungen	Stimmung – Atmosphäre
Bild A	………………	………………	………………
Bild B	………………	………………	………………
Bild C	………………	………………	………………
Bild D	………………	………………	………………

Was ist deiner Meinung nach das Thema dieser Szene? ……………………………………………

……………………………………………………………………………………………

22 → *Buch, S. 82,* 8a. Alles geht schief! *Lies den zweiten Teil (Z. 9-28) und sammle Informationen zu folgenden Punkten:*

Lenas Verhalten und Gefühle (wie sie reagiert, was sie empfindet…)	…………………………………… …………………………………… ……………………………………
die Reaktion von Doris (was sie hofft, befürchtet…)	…………………………………… …………………………………… ……………………………………
die vorgefassten Meinungen* der Jugendlichen * die vorgefasste Meinung: *le préjugé*	…………………………………… …………………………………… ……………………………………

23 → *Buch, S. 82,* 8b. Alles geht schief! *Lies den dritten Teil (Z. 29-43). Welche Sätze werden wiederholt? Schreibe sie auf:*

……………………………………………………………………………………

……………………………………………………………………………………

24 → *Buch, S. 82,* 9a. Wie geht es weiter? *In der zweiten Folge ziehen Familie Öztürk und Schneider in ein großes Haus. Wie stellst du dir das vor? Diskutiere mit deinem Partner. Was kann zum Problem werden?*

- **das Badezimmer:**
  - ins Bad gehen,
  - schon besetzt sein,
  - keine Zeit haben,
  - keinen Platz für … haben.

- **das Essen:**
  - wer kocht?,
  - wer hilft beim Kochen?,
  - wer isst was?,
  - wer soll kein … essen?

- **das Zimmer:**
  - sein eigenes Zimmer haben,
  - ein Zimmer teilen müssen,
  - seine Sachen aufräumen,
  - chaotisch sein

- **was schön sein kann:**
  - neue Speisen entdecken,
  - neue Freunde gewinnen/finden,
  - seine Gewohnheiten ändern,
  - eine neue Lebensweise entdecken
  - sich für … interessieren.

Zu Hause

25 *Bilde Sätze nach dem Beispiel.* *Forme des phrases selon le modèle.*
Beispiel: Die Serie – sich eignen für – lange Winternächte → Die Serie eignet sich für lange Winternächte.

Die Serie	- sich gewöhnen an	**- lange Winternächte**
- die Berliner und Berlinerinnen	**- sich eignen für**	- 180 Nationen
- Lena	- teil/nehmen an	- ihre neue Familie
- viele Migranten	- sich engagieren für	- der Karneval der Kulturen
- die Schüler	- sich informieren über	- das Leben im Ausland
	- stammen aus	- ein besseres Zusammenleben
		- die Situation der Migranten in Berlin

....

....

....

....

....

....

....

26 *Was weißt du über die Personen der Serie? Ergänze die Tabelle.* *Que sais-tu sur les personnages de la série ? Complète le tableau.*

	Beruf – Alter – Aussehen (Kleidung, Haare…)	Charakter (Eigenschaften)	Beziehungen zu den Anderen (Gefühle, Reaktionen…)
Lena	-16 Jahre alt -	....	....

	Beruf – Alter – Aussehen (Kleidung, Haare…)	Charakter (Eigenschaften)	Beziehungen zu den anderen (Gefühle, Reaktionen…)
Nils			
Doris			
Metin			

27 Schreibtraining *Schreibe einen Text über die Serie „Türkisch für Anfänger" (Thema, Personen, Erfolg)* *Rédige un texte sur la série « Türkisch für Anfänger » (thème, personnages, succès).*

Zu Hause

GRAMMATIK

1 *Ergänze, wenn nötig die Adjektive. Ajoute la terminaison, si nécessaire.*

a. Die Stadt ist für Einwohner und Besucher attraktiv .... – **b.** Doris und Metin sind sehr glücklich .... zusammen. – **c.** Lena ist ein .... selbstbewusst ...., frei erzogen .... Mädchen. – **d.** Yağmur ist ein .... streng gläubig .... Muslimin. – **e.** Die Ideen und die Kreativität der Neuzuwanderer sind ein .... wichtig .... Potenzial.

2 *Ergänze mit der richtigen Konjunktion. Complète avec la conjonction de subordination qui convient.*

weil – während – dass

a. Im Restaurant erfährt Lena, ... Doris und Metin zusammen ziehen wollen. **b.** Lena ist wütend, ... sie ihre Mutter mit einem Mann teilen muss. – **c.** .... die Teilnehmer beim Karneval der Kulturen durch die Straßen ziehen, tanzen die Zuschauer auf der Straße. – **d.** Nils macht seine Hausaufgaben, ... seine Schwester Lena sich ein Video ansieht.

3 *Bilde Sätze nach dem Beispiel. Forme des phrases selon l'exemple.*
Beispiel: Cem ist kein Macho, sondern ein sensibler Junge.

a. die Serie: langweilig oder humorvoll?

....

b. die Personen: übertrieben oder facettenreich?

....

c. die Teilnehmer des Karnevals: traurig oder begeistert?

....

d. die Stimmung: schlecht oder euphorisch?

....

e. die „Willkommen-Kampagne": unnützlich oder wichtig?

....

AUSSPRACHE [ɪ:] / [i:]: Szenen aus dem Alltag

***1** Hör dir zuerst die Wörter an und wiederhole sie.* *Écoute d'abord les mots puis répète-les.*

43 Gesicht – will – bitte – bisschen – friedlich – liebe – richtig – eklig – bist – demonstrieren – wirst

***2** Hör dir den Dialog an.* *Écoute le dialogue.*

44 – Was machst du denn für ein Gesicht?
Lach doch mal! Wir sind beim Karneval!
– Ich mache das Gesicht, das ich will!
– Sei doch bitte mal ein bisschen friedlich!
– Ich bin friedlich!
– Ach, ich liebe es, wenn du so richtig eklig bist.
– Geh doch demonstrieren!
– Wofür das denn? Dass du ein bisschen herzlicher wirst?

***3** Du übernimmst eine Rolle. Übe deinen Teil.* *Choisis un rôle et entraîne-toi à le prononcer correctement.*

45

1 *Welches Wort passt nicht dazu? Streich es durch!* *Barre l'intrus.*

a. friedlich – entspannt – cool – chaotisch – willkommen
b. Respekt – Klischee – Integration – Toleranz – Frieden
c. unter sich bleiben – zusammenleben – respektieren – integrieren – kennenlernen

2 *Finde für jedes Wort die anderen Wörter aus seiner „Familie".* *Trouve pour chacun des mots suivants d'autres mots de la même famille.*

Substantiv	Verb	Adjektiv/Partizip II
der Respekt	....	....
die Integration	....	....
der Frieden		....
....	mischen	....
....	tolerieren	....
....	....	gewöhnlich

3 *Was passt zusammen und ergibt ein Wort?* *Associe pour trouver des mots composés.*

a. multi... •	• ...hintergrund
b. zusammen... •	• ...länder
c. Fernseh... •	• ...kulturell
d. Migrations... •	• ...leben
e. neben... •	• ...fältig
f. viel... •	• ...serie
g. Aus... •	• ...einander

In der Schule

1 → ***Buch, S. 105,*** **1a. Das klingt Französisch...** *Sieh dir die fünf Fotos von Plätzen und Gebäuden in Berlin an und lies die Infotexte. Was passt zusammen?*

Infotext	Indizien	Foto
A	....	....
B	....	....
C	....	....
D	....	....
E	....	....

In der Schule

46 ***2*** → ***Buch, S.105,*** **1b. Das klingt Französisch...** *Hör dir das Interview mit Sophie und Angelika an. Was sagen sie über „Französisches" in Berlin?*

- Französische Sachen (Spezialitäten, Mode...): ....

....

- Französische Orte (Gebäude, Geschäfte, Sehenswürdigkeiten...): ....

....

....

Zu Hause

3 *Kein Problem mehr mit Jahreszahlen! Schreib diese Daten aus und lies sie dann vor.*
Plus de problème avec les dates ! Écris ces dates en toutes lettres puis entraîne-toi à les lire.
Beispiel: Im Jahre 1996 → Im Jahre neunzehnhundertsechsundneunzig.

a. Von 1961 bis 1989 → Von ....

bis ....

b. Im Jahre 1710 → Im Jahre ....

c. Seit 1959 → Seit ....

d. 1785 → ....

e. Am Ende des 17. Jahrhunderts → Am Ende des .... Jahrhunderts

4 *Assoziiere den Namen mit dem passenden Ort.* *Associe le nom avec le lieu qu'il désigne.*

a. die Galeries Lafayette •	• ein Krankenhaus
b. Bellevue •	• ein Platz
c. der Gendarmenmarkt •	• ein Kaufhaus
d. die Charité •	• eine Kirche
e. der Französische Dom •	• ein Schloss

5 *Ergänze mit dem Artikel und dem Plural.* *Écris à présent le pluriel des mots suivants.*

a. .... Krankenhaus (....) – **b.** .... Platz (....) – **c.** .... Kaufhaus (....) – **d.** .... Kirche (....) – **e.** .... Schloss (....) – **f.** .... Dom (....) – **g.** .... Klinik (....) – **h.** .... Residenz (....) – **i.** .... Tor (....) – **j.** .... Botschaft (....)

6 *Bilde Sätze mit den fett gedruckten Informationen an erster Stelle. Pass auf das Verb auf!*
Construis des phrases correctes en commençant par les informations en gras. Attention à la place des formes verbales !

a. wurde – **im Jahre 1710** – die Charité – als Pesthaus – gegründet

....

b. das Schloss Bellevue – **seit 1959** – die Residenz des deutschen Bundespräsidenten – ist

....

c. **von 1961 bis 1989** – die Mauer – in der Nähe des Pariser Platzes – stand

....

d. die Galeries Lafayette – **im Jahre 1996** – wurden – in der Friedrichstraße – eröffnet

....

7 *Such dir ein Gebäude oder einen Platz (Buch S. 105) aus und stell es/ihn vor. Folgende Redemittel können dir dabei helfen.* Choisis un édifice ou une place (manuel, p. 105) et présente-le.

Redemittel

Ich möchte über … sprechen. – Es geht um einen/ein/eine … .
Es liegt in … . – Es wurde im Jahre … gegründet/gebaut/eröffnet/angelegt. –
Er/es ist … groß/lang/breit. – Ich finde ihn/es/sie … … gefällt mir (nicht).

In der Schule

8 **→ *Buch, S. 106*, 2a. Ein Stück Frankreich in Berlin** *Bildet drei Gruppen. Jede Gruppe entdeckt einen Franzosen oder einen „französischen Ort" in Berlin und sammelt Informationen zu folgenden Punkten: Person(en), Geschäft, Kunden, Meinung über Berlin.*

Text A: „Zadig": französische Kultur in Berlin-Mitte

Was für ein Geschäft? Seit wann? Wo?	....
Angebot	....
Kunden	....
Person(en) Wer? Was machen sie?	....

Text B: „Saveur Champagne“: Kulinarisches in Kreuzberg

Person	
Was für ein Geschäft? Seit wann? Wo?	
Angebot	
Kunden	
Meinung über Berlin	

Text C: Benoît: echt französische Crêpes in Berlin-Friedrichshain!

Person: Warum lebt er in Berlin?	
Was für ein Geschäft? Seit wann? Wo?	
Angebot	
Kunden	
Meinung über Berlin	

9 → Buch, S. 106, 2c. Ein Stück Frankreich in Berlin *Jede Gruppe stellt der Klasse ihre Arbeit vor.*

Redemittel

Die Person heißt … – Die Personen heißen … – Sie hat/Sie haben im Jahre … / vor … einen/ein/eine … eröffnet. – Er verkauft … / Sie verkaufen … – Seine/Ihre Kunden sind …. und auch … . – Sie findet/Sie finden Berlin … / Was sie an Berlin mag/mögen, ist … / Was ihr/ihnen an Berlin gefällt, ist …

47 **10 → Buch, S.107, 3 Paris-Berlin: ein Parcours** *Hör dir das Interview mit Clément an. Was erfährst du über seinen Parcours? (Studium, Jobs, Leben in Berlin.)*

Woher kommt er?	....
Praktikum (Wo?)	....
Studium ((Wo?)	....
Jobs (Welche? Wo?)	....
Leben in Berlin (Meinung)	....

11 → Buch, S.107 > Und jetzt… *Vier verschiedene Leben von Franzosen in Berlin…Welches könntest du dir für dich vorstellen?*

Hilfen zum Schreiben

Ich könnte mir gut vorstellen, … , denn … .
Wie er/Wie sie würde ich gerne … .
Ich interessiere mich für …, deshalb … .

Zu Hause

12 *Welches Wort passt nicht zu den anderen? Streiche es durch!* *Chasse l'intrus !*

a. Literatur – Bücher – Buchhändler – Autor – Kellner

b. Sommer – Monate – Deutsch – Winter – Jahr – Wochenende

c. Viertel – Studium – Job – Leben – Arbeit

d. attraktiv – billig – toll – interessant – teuer

13 *Verbinde mit dem passenden Verb.* *Relie les noms avec les verbes qui conviennent.*

a. Tipps •	• sprechen
b. einen Laden •	• geben
c. sein Leben in Berlin •	• verkaufen
d. sein Studium •	• eröffnen
e. französische Spezialitäten •	• genießen
f. kein Wort Deutsch •	• machen

14 *Ergänze den Text mit den richtigen Präpositionen.* *Complète le texte avec les prépositions qui conviennent.*

an – auf – zu

a. Die französische Buchhandlung lädt den Leser ....m Entdecken französischer Literatur ein. – **b.** Stéphane Collard spielt .... die kalten Wintermonate in Berlin an. – **c.** Er denkt .... die Eröffnung eines zweiten Ladens nach. – **d.** .... seinen Kunden gehören viele Franzosen.

15 *Ergänze die Sätze mit den Verben im Präteritum.* *Conjugue les verbes entre parenthèses au prétérit.*

a. Benoît .... sein Studium in Paris. *(machen)* – **b.** Paris .... ihm zu stressig. *(werden)* – **c.** Die Liebe .... ihn nach Berlin. *(ziehen)* – **d.** Aber er .... kein Wort Deutsch. *(sprechen)* – **e.** Er .... viel Erfahrung in der Gastronomie. *(haben)*

In der Schule

***16 → Buch, S. 108,* 4a. Berlin: eine attraktive Hauptstadt** *Lies das Interview mit Cécile Calla und mach dir Notizen zu folgenden Punkten: Warum und wie Cécile Calla nach Berlin gekommen ist, was die Franzosen an Berlin gut finden.*

	Indizien im Interview
Warum Cécile Calla nach Berlin gekommen ist.	
Wie sie nach Berlin gekommen ist.	
Was die Franzosen an Berlin gut finden.	

***17 → Buch, S. 108,* 4b. Berlin: eine attraktive Hauptstadt** *Lies die folgenden Zitate aus dem Buch von Cécile Calla „Tour de Franz" und finde heraus, was sie in Berlin noch überrascht und was ihr gefallen hat. Zitiere Ausdrücke.*

Was sie in Berlin noch überrascht hat.	
Was ihr in Berlin noch gefallen hat.	

48

***18 → Buch, S. 109,* 5a. Alle Berliner sprechen „Französisch"!** *Lest die Sätze mit Ausdrücken aus dem Berliner Dialekt und hört sie euch auch an. Aus welchen französischen Wörtern sind sie entstanden? Versucht, die Sätze zu verstehen. Tipp: Manchmal hat sich der Sinn leicht verändert.*

Ausdrücke aus dem Berliner Dialekt	Die französischen Wörter
Das ist doch <u>Muckefuck</u>! Ich will 'nen richtigen Kaffee!	

Ausdrücke aus dem Berliner Dialekt	Die französischen Wörter
Ich fühle mich mutterseelenallein.	
Hast du noch 'nen Schluck Wasser in der Buddel?	
Dein Kleid ist todschick!	
„War er schüchtern?" „Nein, er wirkte eher forsch."	
Der Hamster lag im Käfig und war mausetot.	
Hör endlich auf zu plärren!	
Er hat sich den Deez angeschlagen.	
Seid nicht so albern und macht nicht so viel Klamauk!	
Ist das deine Freundin? Die ist ja ganz etepetete!	
Mir ist ganz blümerant. Ich fühle mich nicht wohl.	

19 → Buch, S. 109, 5b. Alle Berliner sprechen „Französisch"! *Lies den Infotext über die Franzosen und Berlin in der Geschichte. Mach dir Notizen zu folgenden Punkten: Daten, Personen, Orte…*

Hugenotten
- → Wer sind sie? ……………………
- → Wann kamen sie nach Berlin? ……………………
- → Warum? ……………………

Voltaire
- → Wer ist er? ……………………
- → Bei wem lebte er? ……………………
- → Wo? …………… Wann? ……………

Napoleon
- → Wann kam er nach Berlin? ……………………
- → Wozu? ……………………

49 **20 → Buch, S. 109, Radio Spontan** *Auf Radio Spontan gibt es die Sendung zum Thema: Hör sie dir an und mache dir Notizen.*

Thema der Sendung	Titel: ....
der Interviewte	Name/Vorname: .... Beruf: ....
Präzise Informationen	.... F.................... leben in Berlin.
Was ihm gefällt	1. .... 2. .... 3. .... 4. ....
Was ihm nicht gefällt	1. .... 2. ....

Zu Hause

21 *Setze die Verben ins Präteritum und ergänze die Sätze.* *Mets les formes verbales suivantes au prétérit et complète les phrases ci-dessous.*

fliehen – sein – sprechen – kommen – werden

a. Viele Franzosen .... im 17. Jahrhundert nach Berlin. – **b.** Sie .... ab 1685 aus Frankreich, weil sie wegen ihrer Religion verfolgt .... – **c.** Um 1700 .... jeder fünfte Berliner ein „Refugié". – **d.** Deshalb .... viele Berliner Französisch!

22 *Berlin, eine attraktive Stadt! Ergänze die Sätze.* *Berlin, une ville attrayante ! Complète les phrases.*

a. Immer mehr Franzosen kommen nach Berlin, um ....

b. Es ist eine tolle Erfahrung für einen Pariser, am Wochenende ....

....

c. Es ist unglaublich, in der Berliner U-Bahn ....

d. Man fühlt sich besser, wenn man ....

e. Es ist für einen Pariser überraschend, ...

In der Schule

23 **→ *Buch, S. 110,* 7a. Von Südfrankreich nach Berlin…** *Lies den Anfang des Textes (Z. 1-15) und mach dir Notizen zum Ort, zur Stimmung, zur Handlung.*

Ort: ....

Stimmung (Duft/Moment…): ....

Handlung: ....

24 **→ *Buch, S. 110,* 7b. Von Südfrankreich nach Berlin…** *Lies jetzt den Text bis Zeile 31. Die Erzählerin macht das Porträt eines „typischen" Boulespielers. Notiere, was den französischen und den deutschen Spieler charakterisiert. (Kleidung, Verhalten, Essen und Trinken…)*

	Der französische Spieler	Der deutsche Spieler
Vorname		
Kleidung		
Verhalten		
Essen und Trinken		

25 → Buch, S. 110, 7c. Von Südfrankreich nach Berlin… *Lies jetzt den Text bis zum Ende und mach eine Mindmap zum Thema „Boulespielen". Folgende Stichwörter können dir helfen.*

....

ein Sport

alles nur Klischees

Boule

ganz international

ein gutes Training

....

26 → Buch, S. 110, 8 Sport ist international! *Die Berliner Boulespieler sagen „cochonnet" und „tireur" wie die Franzosen. Kennt ihr andere Beispiele für Wörter im Sport, die „importiert" wurden?*

Sport	Wörter, Ausdrücke
Boule	Cochonnet, tireur…
Karate	....
Tennis	Tie-Break
....	....
....	....

Zu Hause

27 *Welches Verb passt zu welchem Nomen? Associe les verbes et les noms.*

a. eine Hose •	• erreichen
b. Boule •	• tragen
c. keinen Alkohol •	• aus/üben
d. ein hohes Niveau •	• spielen
e. einen Sport •	• trinken

28 *Ergänze mit der passenden Endung. Complète avec la terminaison qui convient.*

a. Die Berliner spielen Boule wie die Franzosen. Aber sie haben nicht dieselb........... Kleidung oder dasselb........... Verhalten. – **b.** Die Berliner haben kein........... Strohhut, kein........... Espadrilles, kein........... Hosenträger. – **c.** Sie trinken auch kein........... Alkohol. – **d.** Aber wie die Franzosen mögen sie dies........... Sport!

29 *Was ist passiert? Bilde Sätze im Perfekt mit folgenden Ausdrücken. Que s'est-il passé ? Forme des phrases au parfait à l'aide des expressions suivantes.*

a. 2003 – sein Leben in Paris aufgeben wollen

....

b. nach Berlin fahren

....

c. Zwei Jahre später – ein Geschäft eröffnen

....

d. Bald – viel Erfolg haben

....

Zu Hause

GRAMMATIK

1 *Danach ist man immer schlauer… Ergänze folgende Sätze mit der passenden Verbalform.*
On sait toujours mieux après… Complète les phrases ci-dessous avec la forme verbale qui convient.

hätte – wäre

a. Wenn ich es gewusst ...., ... ich schon viel früher gekommen.

b. .... ich besser Deutsch gelernt, ... ich bestimmt nicht so viele Probleme im Alltag gehabt.

c. .... ich in Frankreich geblieben, ... ich das alles nicht erlebt.

d. Wenn ich ihm besser zugehört ...., ... mir das nicht passiert.

2 *Ergänze die Sätze mit der richtigen Präposition. Complète les phrases ci-dessous avec la préposition qui convient.*

wegen – während – trotz

a. Er hat .... der Schulzeit an einem Austausch teilgenommen.

b. .... seiner Deutschfehler verstehen ihn die meisten Berliner sehr gut.

c. Manche Berliner versteht er .... ihres Dialektes nur sehr schwer.

d. .... seines Aufenthaltes in Berlin hat er viele interessante Menschen getroffen.

3 *Ergänze die Sätze mit der richtigen Präposition. Complète les phrases ci-dessous avec la préposition qui convient.*

an – für – über

a. Viele Berliner halten mich nicht .... einen Franzosen.

b. Ich musste mich .... das neue Leben erst gewöhnen.

c. .... diese Schwierigkeiten habe ich nicht gedacht.

d. Ich habe .... dieses Problem mit meinen Freunden gesprochen.

e. Er hat auch .... französischen Abenden teilgenommen.

AUSSPRACHE [ɔ] / [oː]: Szenen aus dem Alltag

1 ***Hör dir zuerst die Wörter an und wiederhole sie.*** *Écoute d'abord les mots puis répète-les.*

51 tolles – Shop – Mode – oh – von – Franzosen – Potsdamer – sofort – Erfolg – Sommer – wieso – noch – Gastronomie – hoffentlich – großer – Flop

2 ***Hör dir dann den Dialog an.*** *Écoute à présent le dialogue.*

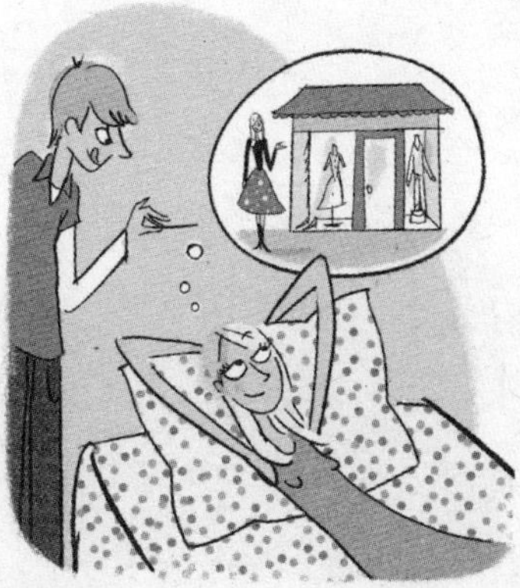

52 – Ich habe einen tollen Plan!
– Erzähl!
– Ich mache einen Shop auf!
– Womit?
– Mit Mode!
– Oh!
– Von Franzosen für Franzosen, am Potsdamer Platz.
Das wird sofort ein Erfolg – spätestens im Sommer!
– Wieso im Sommer?
– Dann mach ich noch Gastronomie!
– Oh je – na hoffentlich wird das mal nicht ein großer, großer Flop!

3 ***Du übernimmst eine Rolle. Übe deinen Teil.*** *Choisis un rôle et entraîne-toi à le prononcer correctement.*

53

WORTSCHATZ AKTIV

1 ***Welches Wort passt nicht dazu? Streich es durch!*** *Barre l'intrus.*

a. stressig – stressfrei – entspannt – attraktiv – gemütlich
b. Italiener – Spanier – Franzose – Deutscher – Kunde
c. Ausdruck – Dialekt – Sprache – Kaufhaus – Gespräch
d. Buchhändler – Journalist – Schriftsteller – Verkäufer – Besucher

2 *Was passt zusammen und ergibt ein Wort? Quels éléments vont ensemble et forment un mot ?*

a. Buch... •	• ...schaft
b. stress... •	• ...monate
c. tod... •	• ...leben
d. Winter... •	• ...frei
e. Jahr... •	• ...seite
f. Geschäfts... •	• ...händler
g. Ost... •	• ...hundert
h. Kund... •	• ...schick

3 *Welches Verb passt? Ergänze die Sätze. Complète les phrases avec l'élément qui convient.*

anspielen – klingen – beraten – eröffnen – aufgeben

a. Stéphane Collard hat sein stressiges Pariser Leben .... und lebt heute in Berlin.

b. Hallo! Ich suche ein Buch über französische Küche. Können Sie mich .... ?

c. „Plärren? .... das nicht französisch?"

d. Er möchte ein Geschäft in Prenzlauer Berg ....

e. „Was meint er damit?" „Ich weiß nicht. Wahrscheinlich .... er auf eine alte Geschichte ...."

Einheit ③ Etappe 8

In der Schule

1 *→* ***Buch, S. 115,*** **1a. Kunst – zeitlos, grenzenlos!** *Finde mit deinem Partner die passenden Informationen zu jedem Kunstwerk heraus.*

1
Name: ....
Maler: ....
Museum: ....
Datum: ....

3
Name: ....
Maler: ....
Museum: ....
Datum: ....

2
Name: ....
Maler: ....
Museum: ....
Datum: ....

4
Name: ....
Maler: ....
Museum: ....
Datum: ....

5
Name: ....
Maler: ....
Museum: ....
Datum: ....

2 *→* ***Buch, S. 115*** > Und jetzt… *Welches Werk gefällt dir am besten? Warum? Kennst du ein anderes Porträt, das du schön findest? Stell es mit Hilfe folgender Mittel vor.*

Redemittel

hell ≠ dunkel / fröhlich ≠ traurig
die Farbe (n) / das Motiv (e) / das Licht
wirken / aus/drücken
die Atmosphäre / der Eindruck

Es gefällt mir, weil … / Mir gefällt …
Ich finde, dass …
An diesem Werk mag ich …

Zu Hause

3 *Wie lauten der Artikel und der Plural?* *Indique le genre et le pluriel des noms suivants.*

a. .... Kunstwerk (...) – **b.** .... Porträt (...) – **c.** .... Künstler (...) – **d.** .... Museum (...) – **e.** .... Kunst – **f.** .... Gemälde (...) – **g.** .... Sammlung (...) – **h.** .... Antiquität (...) – **i.** .... Besucher (...) – **j.** .... Skulptur (...) – **k.** .... Bildnis (...)

4 *Welches Zitat passt für dich zu welchem Porträt (Buch, S. 115)?* *D'après toi, quelle phrase convient à quel portrait (manuel, p. 115) ?*

a. Ihr Lächeln ist geheimnisvoll! .... – **b.** Sie strahlt einen ganz besonderen Reiz aus. .... – **c.** Sie sieht gelangweilt aus. .... – **d.** Mit großen, fragenden Augen blickt sie uns an. .... – **e.** Sie ist mystisch, majestätisch und magisch. ....

In der Schule

5 *→ Buch, S. 116,* **2a. In welchem Haus „lebt" Nofretete?** *Jeder Schüler liest den Text über eines der Museen und sammelt Informationen zu folgenden Punkten: Geschichte, Ausstellungen.*

Museum A: Altes Museum

das Gebäude: - Stil, - Merkmale	....
Geschichte	....
Ausstellungen (heute)	....

Museum B: Neues Museum

das Gebäude: Architektur	
Geschichte	
Ausstellungen (heute)	

Museum C: Pergamonmuseum

das Gebäude: Architektur	
Geschichte	
Ausstellungen (heute) Besucher	

54

6 → Buch, S. 117, 3 Die Museumsdirektorin erzählt *Hör dir jetzt an, was Frau Dr. Friederike Seyfried über die Büste der Nofretete sagt, und mach dir Notizen zu folgenden Punkten: die Besonderheit der Büste für das Museum und die Besucher, das Besondere ihrer Herstellung.*

Hilfen zum Verstehen

das Prunkstück: *la pièce phare* – der Reiz: *l'attrait* – würdevoll: *majestueux* – einzigartig: *extraordinaire* – die Plastik: *la sculpture* – der Bildhauer: *le sculpteur*

– für das Museum: ....

– für die Besucher: ....

das Besondere ihrer Herstellung: ....

Zu Hause

***7 Schreibtraining** Such im Internet Informationen über das Bode-Museum in Berlin und schreib einen kleinen Text über dieses Museum.* *Cherche sur Internet des informations sur le Musée Bode de Berlin et écris un petit texte à son sujet.*

→

***8** Ergänze die Sätze mit den richtigen Endungen.* *Complète les phrases avec les terminaisons qui conviennent.*

a. Die Ausstellungen d.......... Neu.......... Museum.......... sind weltberühmt. – **b.** Die Bauten d.......... Museumsinsel gehören zu den schönsten Sehenswürdigkeiten Berlins. – **c.** Die Büste d.......... Nofretete wird von den Touristen oft als das schönste Kunstwerk d.......... Hauptstadt betrachtet. – **d.** Die Zahl d.......... Besucher d.......... Museumsinsel nimmt ständig zu. – **e.** Die Touristen bewundern oft die Architektur d.......... Alten Museum.......... .

***9** Bilde Sätze im Passiv.* *Forme des phrases au passif.*

a. 1859 – das Neue Museum – eröffnen ....

b. Das Alte Museum – im klassizistischen Stil – bauen

....

c. Im Jahre 2000 – das Neue Museum nach der Planung eines englischen Architekten – endlich – wiederaufbauen

....

d. 1930 – das Pergamonmuseum – eröffnen

....

e. Viele Gebäude – am Ende des zweiten Weltkriegs in Berlin von Bomben – zerstören

....

In der Schule

10 **→ *Buch, S. 118,* 4b. Deutscher Entdecker trifft ägyptische Königin!** *In der Gruppe bereitet ihr eine Zusammenfassung.*

Gruppe A: Ludwig Borchardt

sein Leben (Geburt, Heirat, Ankunft in Ägypten, Entdeckung, Rückkehr nach Deutschland, Tod)	....
die Ausgrabung (Tag, Ort…)	....
seine Beziehung zur Büste	....

Gruppe B: Die Büste Nofretetes

a. Die Büste

– Was an ihr fasziniert: ....

– Besucher: ....

– Alter: ....

b. Nofretetes Biografie:

....

....

....

....

– Ehe mit Echnaton:

....

....

....

....

– Ihr Aussehen:

....

....

– Ihr Charakter:

....

....

55 ***11*** → ***Buch, S. 119,*** **Radio Spontan:** *Auf Radio Spontan gibt es die Sendung zum Thema: Hör sie dir an und mache dir Notizen.*

Journalist	Wo? .... Sendung über .... „Porträt“ in Stichpunkten ....
der Interviewte	Vorname: .... sein Projekt: .... Warum das Projekt? .... seine These: ....

Zu Hause

12 *Was passt zusammen und ergibt ein Wort? Schreib die Wörter auf und notiere den Artikel und den Plural. Associe les éléments qui vont ensemble pour former un mot. Écris-les puis ajoute l'article et le pluriel.*

a. Gegenwarts •	• sammlung	→	die Antikensammlung (en)
b. Sonnen •	• kulturerbe	→	....
c. Kopf •	• kunst	→	....
d. Werk •	• bedeckung	→	....
e. Antiken •	• fassade	→	....
f. Welt •	• statt	→	....
g. Säulen •	• gott	→	....

13 *Was ist passiert? Assoziiere Name und Tatsachen und bilde Sätze im Präteritum. Que s'est-il passé ? Associe à chaque nom le fait qui convient et rédige une phrase pour chaque personnage.*

a. Taduschepa •	• die Büste von Nofretete entdecken
b. Amenophis IV •	• nach Ägypten gebracht werden
c. Thutmosis •	• auch Echnaton genannt werden
d. Ludwig Borchardt •	• als Bildhauer bekannt sein

a. ....

b. ....

c. ....

d. ....

14 ***Schreibtraining*** *Schreib einen Artikel über Nofretete für den Reiseführer des Museums. Écris un article sur Néfertiti pour la brochure du musée.* →

15 *Quiz: Was weißt du über Nofretete? Kreuze die richtige Antwort an! Que sais-tu sur Néfertiti ? Coche la bonne réponse.*

a. Wo wurde Nofretete geboren?	Achet-Aton ❑	Theben ❑	Syrien ❑
b. Wen heiratete sie?	Thutmosis ❑	Borchardt ❑	Amenophis IV. ❑
c. Wie lange regierte Nofretete in Achet-Aton?	15 Jahre ❑	17 Jahre ❑	25 Jahre ❑

***16** Schlag die Wörter im Wörterbuch nach, wenn du ein Wort nicht verstehst. Assoziiere dann a.-g. mit dem passenden Verb.* *Cherche les mots dans le dictionnaire si tu ne les comprends pas, puis associe a.-g. au verbe qui convient.*

a. Götter •	• bauen
b. das Land •	• anbeten
c. Paläste und Tempel •	• respektieren
d. den Pharao •	• regieren
e. seine Frau •	• pflegen
f. ihren Körper •	• unterstützen
g. ihren Mann •	• bewundern

***17** Ergänze die Sätze mit den Ausdrücken der Übung 16.* *Complète les phrases avec les expressions de l'exercice ci-dessus.*

a. Die Pharaonin war stolz auf ihre Schönheit, sie ....

b. Die Ägypter ....

c. Amenophis IV. ....

d. Der Pharao ....

In der Schule

18** → **Buch, S. 120, 6a. **Von Ort und Zeit** *Lies den Text (Z. 1-11) und mache dir Notizen zur Hauptperson: Name, Ort, Plan.*

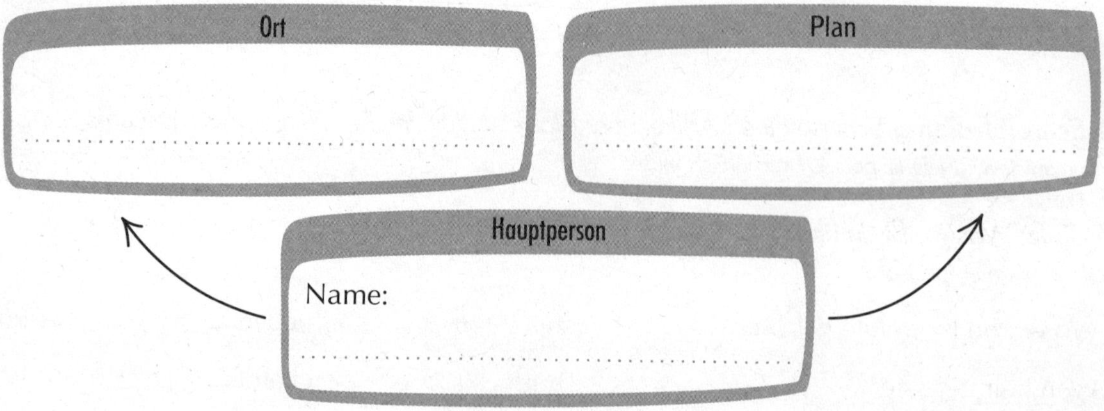

19 → Buch, S. 120, 6b. Von Ort und Zeit *Lies jetzt Z. 12 bis Z. 24. Mach Nadims Steckbrief und den seiner Mutter.*

Nadim

Vorname: ....

Nachname: ....

Alter: ....

Seine Mutter

Ihr Beruf? ....

Ihre Leidenschaft? ....

....

Nadims Vater? ....

....

20 → Buch, S. 120, 7a. Herzklopfen *Lies Z. 25 bis Z. 37. In diesem Teil gibt es viele Ausdrücke, die sich auf das Thema „Lärm ≠ Stille" beziehen. Zitiere sie.*

a. ....

b. ....

c. ....

d. ....

21 → Buch, S. 120, 8 Plötzlich und unerwartet *Lies Z. 38 bis Z. 47. Mach dir Notizen zu folgenden Punkten:*

Ereignisse	....
Nofretete	....
Nadims Reaktion	....

Zu Hause

22 Schreibtraining *Wie läuft es weiter? Erfinde das Ende des Textes: Wie reagiert Nadims Mutter, als sie erfährt, dass er bei der Polizei ist? Raconte la suite de l'histoire : comment réagit la mère de Nadim quand elle apprend qu'il est au poste de police ?*
Tipp: Ist sie: erschrocken/genervt/besorgt/verständnisvoll?
Was tut sie? Sie schimpft./Sie bestraft Nadim./Sie versucht zu verstehen.

....

....

....

....

....

....

SPRACHE... MIT SYSTEM

Zu Hause

GRAMMATIK

1 *Ergänze die Genitiv-Endungen. Complète avec les terminaisons du génitif.*

a. Die Büste d.......... Nofretete wurde im 14. Jahrhundert vor Christus hergestellt. – **b.** Der Ruf ihr.......... Mann.......... war für Nofretete sehr wichtig. – **c.** Die Zahl d.......... Sklaven am ägyptischen Hof beeindruckte die Besucher. – **d.** Die Pyramiden d.......... Pharaonen gehören zu den sieben Weltwundern.

2 Nach *oder* nachdem? *Ergänze mit dem richtigen Wort.* Nach *ou* nachdem ? *Complète avec le mot qui convient.*

a. .... dem zweiten Weltkrieg war das Alte Museum eine Ruine. – **b.** Nofretete wurde wahrscheinlich .... Echnatons Tod Pharaonin. – **c.** Ludwig Borchardt durfte die Büste Nofretetes erst ein Jahr .... der Entdeckung nach Deutschland mitnehmen. – **d.** Amenophis zieht nach Achet-Aton, ... er 5 Jahre lang von Theben aus regiert hat.

AUSSPRACHE [ɛː] / [ʏː]: Szenen aus dem Alltag

1 *Hör dir zuerst die Wörter an und wiederhole sie. Écoute d'abord les mots puis répète-les.*

57 typisch – Ägypten – erzähle – gähnst – ändern – gefällt – Gebäude – ärgsten – Bäcker – Gebäck

2 *Hör dir dann den Dialog an. Écoute à présent le dialogue.*

58 – Das ist wieder typisch!
– Was?
– Ich erzähle dir spannende Sachen von Ägypten und der berühmten Nofretete und du hörst mir überhaupt nicht zu!
– Entschuldige!
– Jetzt gähnst du sogar!
– Ich kann nichts daran ändern!
– Gefällt dir das Museum denn gar nicht? Nicht einmal das Gebäude?
– Doch!
– Was hast du denn dann?
– Hunger! Üblen, ärgsten, fürchterlichen Hunger!
– Mann! Dann gehen wir eben zum Bäcker und kaufen dir ein Stück Gebäck!

3 *Du übernimmst eine Rolle. Übe deinen Teil. Choisis un rôle et entraîne-toi à le prononcer correctement.*

59

WORTSCHATZ AKTIV

1 *Welches Wort passt nicht dazu? Streich es durch!* Barre l'intrus.

a. Auge – Schönheit – Kopf – Hand – Beine
b. ausgraben – entdecken – suchen – finden – heiraten
c. regieren – herrschen – mächtig sein – besuchen – König sein
d. faul – schön – klug – stolz – selbstbewusst

2 *Finde für jedes Wort Wörter aus seiner „Familie".* *Trouve pour chacun des mots suivants d'autres mots de la même famille.*

Substantiv	Verb	Adjektiv/Partizip II
Jahr		....
Herrscher	....	....
....	entdecken	....
....	aus/graben	....
....	heiraten	....
....	....	mächtig
....		schön

3 *Ergänze die Sätze mit den passenden Wörtern!* *Complète les phrases avec les éléments qui conviennent.*

heiratete – weltberühmt – geboren – schön – regierte – bewunderte – klug – Pharaonin

a. 1370 vor Christus wurde Nofretete ....

b. Als sie sehr jung war, ... sie Amenophis IV.

c. Der Pharao fand seine Frau sehr .... und ....

d. Er .... sie!

e. Nach dem Tod des Pharaons wurde sie .... und ....

f. Nofretetes Büste ist heute ....

In der Schule

1 → *Buch, S. 125,* 1a. Die Sprache ist ein Puzzle… *Lies die beiden Dialoge und ergänze die Spalten.*

Dialog 1

	Woher kommt das Wort?	Wie kann man es auf Deutsch auch sagen?	Wie kann man es auf Französisch sagen?	Und im „Argot"?
der Schlamassel*	....	....	....	....
meschugge sein*	....	....	....	....

Dialog 2

	Woher kommt das Wort?	Wie kann man es auf Deutsch auch sagen?	Wie kann man es auf Französisch sagen?	Und im „Argot"?
der Zoff*	....	....	....	....
malochen*	....	....	....	....
das Magazin	....	....	....	
der Kiosk	....	....	....	

* Wörter, die man im Französischen mit Begriffen aus dem „Argot" übersetzen kann.

Zu Hause

2 *Ergänze die Tabelle mit Ländernamen.* *Donne des exemples de pays.*

Sprache	Land / Länder
Arabisch	....
Deutsch	....
Französisch	....
Hebräisch	....
Persisch	....
Türkisch	....

In der Schule

3 → Buch, S. 126, 2a. Die Stadt ist ein Mosaik... *Sieh dir die Fotos an und ergänze die Texte mit folgenden Wörtern: Synagoge / Gedächtnis-Kirche / Moschee.*

1.

Die .... wurde am 1. September 1895 eingeweiht[1]. 1943 wurde sie bei einem Bombenangriff[2] zerstört. Der Architekt Egon Eiermann baute 1961 links und rechts von der Turmruine eine moderne .... Die Ruine soll die Menschen an die Schrecken des Krieges erinnern.

1. ein/weihen: *inaugurer* - 2. der Bombenangriff: *le bombardement*

2.

Diese .... wurde vor 1983 auf dem Türkischen Friedhof erbaut. Renoviert und vergrößert wurde sie von 1999 bis 2005. Diese Anlage ist gleichzeitig ein Kulturzentrum. Die beiden Minarette sind 37 m hoch. Genutzt wird sie von den Muslimen der Bezirke Neukölln und Kreuzberg.

3.

Die .... wurde 1886 in Spandau eingeweiht. Die Kuppel ist 50 m hoch, über 3000 Menschen können sich im Gebäude versammeln. In der Nacht vom 9. zum 10. November 1938 („Kristallnacht[1]") versuchten die Nazis, die .... in Brand zu setzen[2]. 1943 wurde sie von Bomben getroffen und stark zerstört. Erst 1994 wurde sie wieder eröffnet.

1. die „Kristallnacht": *« la Nuit de cristal »: ainsi furent appelées par la propagande nazie les persécutions contre la communauté juive dans la nuit du 9 novembre 1938* - 2. in Brand setzen: *incendier*

	Neue Synagoge	Sehitlik-Moschee	Kaiser-Wilhelm-Gedächtnis-Kirche
Welcher Artikel erzählt die Geschichte des Gebäudes: 1., 2. oder 3.?	....	....	....
Wo steht das Gebäude?	....	....	....
Wann wurde es gebaut?	....	....	....
Für welche Religion wurde es gebaut?	....	....	....

4 → *Buch, S. 126,* 2b. Die Stadt ist ein Mosaik… *Ergänze folgenden Text mit Hilfe des Wörterkastens. Ein Wort kannst du zweimal verwenden.*

genau so viel – mehr – weniger – doppelt so viel

Eine Statistik zum Sprechen bringen…

In Berlin leben .... Menschen, die keine Religion haben, als in ganz Deutschland.

In Berlin gibt es ungefähr ....

evangelische wie katholische Christen. Die Zahlen für ganz Deutschland sind ganz anders:

Es gibt .... Menschen, die

evangelisch oder katholisch sind. Es gibt auch Muslime und Juden in Berlin, etwas ....

.... als in ganz Deutschland.

60

5 → *Buch, S. 126,* 2c. Die Stadt ist ein Mosaik… *Hör dir das Interview mit Walter Schmidt an und notiere neue Informationen.*

Das Interview zum Thema

Kirchen und Religionsgemeinschaften in Berlin	....
Info über Bayern	....
Info über Niedersachsen	....

Die Tendenz: Immer .... Menschen gehören keiner Religion mehr an.

6 → *Buch, S. 127,* 3a. Den Dialog suchen *Lies zuerst die Stichpunkte und dann den Text. Welcher Teil (A-F) gehört zu welchem Punkt? Ergänze das Raster und mache dir Notizen, um den Textabschnitt vorstellen zu können.*

Stichpunkte	Notizen zum Textteil
1. Das Projekt Abschnitt:	....
2. Ein Porträt (1) Abschnitt:	....
3. Ein Porträt (2) Abschnitt:	....
4. Eine Begegnung (1) Abschnitt:	....
5. Eine Begegnung (2) Abschnitt:	....
6. Das Fazit Abschnitt:	....

Zu Hause

7 *Rasha hat ihre Eltern von dem Austauschprojekt überzeugen müssen. Was hat sie noch machen müssen? Bilde Sätze mit folgenden Ausdrücken.* *Rasha a dû convaincre ses parents d'accepter l'échange. Qu'a-t-elle dû faire d'autre ? Forme des phrases avec les expressions suivantes :*

erklären, dass das Projekt interessant ist – erzählen, wie sie ins Gespräch gekommen sind – über Sharon sprechen

a. ....

b. ....

c. ....

8 Die erste Begegnung *Heute Abend sehen sich die beiden Gruppen zum ersten Mal. Sharon macht sich Gedanken: Wird alles gut klappen? Ergänze den Text mit dem Wortschatz aus dem Wörterkasten.* *Les deux groupes d'adolescents vont se rencontrer ce soir. Sharon se demande si tout va bien se passer. Complète le texte avec les éléments suivants :*

(sich) kennenlernen – (sich) treffen – Freunde finden – ins Gespräch kommen

„Heute Abend .... wir uns zum ersten Mal mit der anderen Gruppe. Wir müssen uns erst einmal .... Ich frage mich, neben wem ich sitzen werde. Werden wir richtig .... ? Oder werden wir nur „Smalltalk" machen, sagen wo wir wohnen, welche Hobbys wir haben, und so weiter? Es wäre schon schön, wenn wir .... würden."

In der Schule

9 → ***Buch, S. 128,*** **4a. Das Leben von Moses Mendelssohn** *Lies den Text über das Leben von Moses Mendelssohn. Mach eine Kurzbiografie mit Daten und Stichwörtern.*

Geburtsdatum	....
Geburtsort	....
Muttersprache	....

andere Sprachen	....
Schule	....
Ankunft in Berlin	....
Hauslehrer	....
Seine Freunde in Berlin	....
Tod	....

10 → ***Buch, S. 128, 4b.*** **Das Leben von Moses Mendelssohn** *Suche im Internet Informationen über Mendelssohns Freund, Lessing. Stell eine Kurzbiografie zusammen und stelle ihn der Klasse vor.*

1

Geburtsdatum ....

....

Geburtsort ....

....

Tod ....

....

2

Muttersprache ....

....

andere Sprachen ....

....

Studium ....

....

3

Reisen ....

....

Seine Freunde ....

....

Werke ....

....

11 → Buch, S. 129, 5a. Ein Frisör rettet die Welt *Sieh dir zuerst die Fotos aus dem Film „Der große Diktator" von und mit Charlie Chaplin an. Er spielt eine Doppelrolle. Welche Figuren spielt er? Wie wirken die Fotos?*

	Foto 1	Foto 2	Foto 3	Foto 4
Charlie Chaplin spielt...	....	....	....	....
Das Foto wirkt...	....	....	....	....

61

12 → Buch, S. 129, Radio Spontan *Auf Radio Spontan gibt es die Sendung zum Thema: Hör sie dir an und notiere Stichworte.*

Thema der Reportage	T...+ Z...
Fazit des Journalisten	....
der Politiker	D.............................. d.............. R..............................
Ort	....
Probleme in der Stadt Ziele der Aktion Gute Beispiele	....

Zu Hause

13 Nach Berlin! *Ergänze die Sätze mit dem passenden Verb. Complète les phrases avec le verbe qui convient.*

gehen – ziehen – fliegen – fahren

1. Mein Projekt: in Berlin wohnen. Nächstes Jahr .... ich nach Berlin.

2. Mein Projekt: eine Reise oder eine Wanderung nach Berlin.

a. Ich .... morgen nach Berlin. Ich fahre über Helmstedt, auf der Autobahn.

b. Ich .... zu Fuß nach Berlin. Das gibt es einen schönen Wanderweg durch die Mark Brandenburg. – **c.** Ich .... morgen nach Berlin. Ich komme um 18 Uhr 30 im Flughafen Berlin Schönefeld an.

14 Schreibtraining *Mit Hilfe deiner Notizen und des Wörterkastens kannst du nun das Leben von Moses Mendelssohn erzählen. À l'aide de tes notes et des éléments suivants, tu peux à présent raconter la vie de Moses Mendelssohn.*

Hilfen zum Schreiben

geboren sein – zur Schule gehen – in … ankommen - als … arbeiten – jdn kennenlernen – Sprachen beherrschen – gestorben sein

15 *Was weißt du über den Film „Der große Diktator"? Suche nach Informationen in einem Lexikon, im Internet… und ergänze das Raster. Tipp: Vielleicht kannst du eine DVD des Films ausleihen und ihn dir anschauen. Que sais-tu du film „Le dictateur" ? Recherche des informations dans une encyclopédie, sur Internet… et complète le tableau. Tu peux éventuellement emprunter le dvd du film et le regarder.*

Titel des Films in der Originalversion (englisch)	
Titel der deutschen Version	
Titel der französischen Version	
Produktionsland – Regisseur	
Welturaufführung*(Jahr)	
Hauptrollen: – Anton Hynkel, Diktator von Tomania – der jüdische Frisör	
Hannah	
Benzino Napaloni, Diktator von Bakteria	

* die Welturaufführung: *la première mondiale*

16 *Ergänze die Sätze mit der richtigen Endung oder mit dem passenden Pronomen.* Complète les *phrases avec la terminaison ou le pronom qui conviennent.*

a. Der jüdische Frisör ähnelt d........... Diktator.

b. Er will d........... Volk helfen.

c. Er hofft, dass das Volk .... folgen wird.

d. Die Jugendlichen möchten d........... Organisatoren des Projekts danken.

In der Schule

17 → ***Buch, S. 130,*** **7 Auf dem Weg** *Sieh dir das Bild an und lies den Anfang des Textes (Z. 1-8). Welche Sätze passen zum Bild? Notiere in Stichpunkten.*

– Wie ist die Landschaft? ....

– Wie ist die Straße? ....

– Wie ist das Wetter? ....

18 → ***Buch, S. 130,*** **8 Was kommt jetzt?** *Lies den zweiten Teil des Textes. Was macht Hannes? Und Mausche?*

Mausche denkt an Morgen. (Z. 9-28)

(Z. 10-15)

Hanne ....

Mausche ....

Was sieht Mausche voraus*?

(Z. 16-19)

Hannes wird ....

Mausche hingegen muss ....

* voraus/sehen: *prévoir*

Was sagt Mausche über die Verbote am Schabbat? Was ist „farbotn" (verboten auf Deutsch)? (Z. 20-22)	1. .... 2. .... 3. .... 4. ....
Wann beginnt und wann endet der Schabbat? (Z. 27-28)	....
An welchem Tag darf Hannes nicht arbeiten?	....

19 → ***Buch, S. 130, 9*** **Jiddisch und Deutsch** *Liste die jiddischen Wörter auf und suche die deutschen Übersetzungen (Z. 30 bis Ende). Ergänze die Vokabelseite mit Hilfe des Textes.*

jiddisch	deutsch
fajer	das Feuer
kuk	
....	....
....	....
....	....
....	....
....	....
....	....
....	....
....	....

20 → ***Buch, S. 130,*** **10 Auf einem anderen Stern sein** *Mausche denkt, dass Hannes alleine weiter gehen wird. Was unterscheidet die beiden? Mach dir Notizen zu den verschiedenen Punkten:*

	Hannes	Mausche
die Feiertage		
die Verbote		
die Religion		
der Weg		
das Essen		
die Sprache		

21 → ***Buch, S.130*** > Und jetzt… *„Er sammelt Wörter wie andere Jungen Murmeln und trägt sie mit sich herum wie einen Schatz. Jedes neue Wort macht ihn ein Stückchen freier." Wie verstehst du diesen Satz? Findest du, dass Sprachen lernen freier macht? Die Stichwörter können dir beim Nachdenken helfen.*

Hilfen zum Schreiben

die Sprachen – die Kulturen – die Menschen – der Schatz
lernen – übersetzen – kennenlernen – kennen – wissen – sich verständigen
verstehen – respektieren
neu – anders – ähnlich – gleich – offen

Zu Hause

22 *Welcher Begriff passt nicht zu den anderen? Streiche ihn durch!* Barre l'intrus.

Auf Deutsch…

a. Wald – Landschaft – Zwiebeln – Himmel – Straße

b. Kiefer – Wald – Stamm – Nadel – Weg

c. Feuer – Sprache – Wort – Redefluss – Ausdruck

d. Schabbat – Sonnenuntergang – Samstag – Verbot – Murmeln

Auf Jiddisch…

a. harz – blut – fajer – hor – odern

b. fligl – jor – woch – tag

23 *Menschen und Religionen… Ergänze die Tabelle.* *Des gens et des religions… Complète le tableau.*

Menschen	Religionen
.... Christ (…) - .... Christin (…)	....
.... Jude (…) - .... Jüdin (…)	....
.... Muslim (…) - .... Muslime (…)	....
.... Katholik (…) - .... Katholikin (…)	....
.... Protestant (…) - .... Protestantin (…)	.... / evangelisch

24 *Ergänze die Sätze mit dem richtigen Modalverb. Vergiss nicht, das Verb zu konjugieren!*
Complète les phrases avec le verbe de modalité qui convient. N'oublie pas de le conjuguer !

können – dürfen – müssen

a. Mausche .... den Schabbat nicht außer Kraft setzen. – **b.** Er .... gehorchen. – **c.** Am Donnerstag .... er arbeiten oder reisen, aber nicht am Samstag – **d.** Hannes .... ruhig weitergehen, er .... nicht festsitzen.

SPRACHE… MIT SYSTEM

Zu Hause

25 *Kreise die Appositionen ein.* *Entoure les appositions.*

a. Emanuel nimmt Selçuk, einen Andersgläubigen, mit in die Synagoge.

b. 1750 wurde Mendelssohn Hauslehrer bei Isaak Bernhard, einem reichen Seidenhändler.

c. Gotthold Ephraim Lessing, Mendelssohns Freund, wurde später einer der bekanntesten deutschen Schriftsteller.

d. Mendelssohn, der deutsche Sokrates, starb 1786 in Berlin.

26 ***Was haben die Jugendlichen machen müssen? Bilde Sätze mit Hilfe der Ausdrücke.*** *Qu'ont dû faire les jeunes ? Forme des phrases à l'aide des éléments ci-dessous.*

a. Sharon - ihren Eltern den ganzen Abend erzählen müssen

....

b. Die Jugendlichen - sich kennenlernen müssen

....

c. Emanuel und Selçuk - sich die Vorurteile abgewöhnen müssen

....

d. Rasha und Sharon - ins Gespräch kommen müssen

....

27 *Schlag die Verben aus dem Wörterkasten im Wörterbuch nach und ergänze dann die Sätze. Cherche les verbes ci-dessous dans le dictionnaire puis complète les phrases. Attention à la conjugaison !*

vertrauen – begegnen – helfen – gefallen – schenken

a. Meine Freunde haben Probleme, ich möchte ihnen ....

b. Meine Schwester hat bald Geburtstag. Was soll ich ihr .... ?

c. Ich .... ihm überhaupt nicht. Er lügt wie gedruckt*.

d. Gestern ist er einem Freund auf der Straße ....

e. Dieser Film hat mir gar nicht ....

* Er lügt wie gedruckt: *Il ment comme il respire.*

AUSSPRACHE [v] / [f]: Szenen aus dem Alltag

63 **1** *Hör dir den Dialog an. Écoute le dialogue.*

– Wem darf man wann widersprechen?
– Was ist denn das wieder für eine Frage?
– Wir sollen darüber einen Aufsatz schreiben: Widerspruch, Widerstand und Verbote.
– Das ist aber mal ein schwieriges Thema.
– Ja. Wer weiß denn darüber wirklich Bescheid?
– Das sind deine eigenen Werte. Du wirst etwas nachdenken müssen! Vielleicht hast sogar du mal einige Ideen, meine liebe Schwester… Aber lege deine Worte auf die Goldwaage.
– Du hast mir wieder mal sehr geholfen, weiser Wissenschaftler!

64 **2** *Du übernimmst eine Rolle. Übe deinen Teil. Choisis un rôle et entraîne-toi à le prononcer correctement.*

WORTSCHATZ AKTIV

1 *Welches Wort passt nicht dazu? Streich es durch! Barre l'intrus.*

a. kennenlernen – verstehen – begegnen – treffen – hassen
b. vergleichen – frei – Unterschied – unterscheiden – anders
c. Film – Rolle – Schauspieler – Begegnung – Regisseur

2 *Was passt zusammen? Trouve le verbe qui convient pour a.-f.*

a. einen Film	•	•	halten
b. ein Thema	•	•	teilnehmen
c. eine Rede	•	•	drehen
d. Vorurteile	•	•	unterscheiden
e. Wörter	•	•	behandeln
f. an einem Projekt	•	•	abbauen

3 ***Welches Verb passt? Fülle aus!*** *Complète les phrases avec le verbe qui convient.*

begegnen – halten – teilnehmen – (sich) interessieren – verbieten – überzeugen

a. Der Bürgermeister hat eine interessante Rede ....

b. .... du dich für Jazz? Ich kann dir ein tolles Album leihen!

c. Ich bin der Sängerin Olivia Ruiz auf der Straße .... Sie hat mir ein Autogramm gegeben!

d. Kannst du meine Mutter bitte davon.. ? Sie hat heute morgen wieder „nein!“ gesagt!

e. Ich .... nächsten Samstag am „Lauf gegen Hunger“ ....

Le groupe nominal

1. Les fonctions du groupe nominal

Un groupe nominal (GN) peut avoir différentes fonctions dans une phrase. Pour exprimer ces différentes fonctions, l'allemand utilise quatre « cas » :

- Le nominatif est le cas du sujet et de l'attribut du sujet.
- L'accusatif (qui se rapproche en français du COD) est exigé par un grand nombre de verbes ***(machen, sehen, fragen)*** ou de prépositions (toujours avec ***für, gegen...*** lors d'un directif avec ***in, auf...***).
- Le datif (qui se rapproche en français du COI/COS) est exigé avec certains verbes comme ***helfen, danken*** et après certaines prépositions (toujours avec ***mit, zu, nach...,*** lors d'un locatif avec ***in, auf...***).
- Le génitif est le cas du complément du nom et permet d'exprimer l'appartenance.

2. Le nom

a. Le genre

Un nom peut être masculin, féminin ou neutre.
C'est le déterminant qui porte la marque du genre et du nombre :

le masculin	de**r** Mann
le neutre	da**s** Kind
le féminin	di**e** Frau

→ Il faut apprendre systématiquement un nom avec son déterminant pour éviter des erreurs.

Il existe deux catégories de noms masculins, les forts et les faibles. Les masculins forts se caractérisent par la présence d'un -s/es au génitif singulier. Les masculins faibles se terminent par -n/en à tous les cas, sauf au nominatif singulier. On ne peut savoir d'emblée si un masculin est fort ou faible au nominatif, il est donc nécessaire de bien les mémoriser.

	masculin	
	fort	faible
nominatif	de**r** Mann	de**r** Held
accusatif	de**n** Mann	de**n** Held**en**
datif	de**m** Mann	de**m** Held**en**
génitif	de**s** Mann**es**	de**s** Held**en**

b. Le nombre

Au pluriel défini, le déterminant est le même pour les trois genres. Le nom porte souvent une marque, par exemple ***er, -e, -en*** et peut prendre un *Umlaut (a → **ä**, u → **ü**...).*

die Männ**er** – **die** Kind**er** – **die** Frau**en**

c. Les noms composés

Les noms composés sont très courants en allemand. C'est le dernier mot qui détermine le genre et le nombre du nom entier, le ou les mots qui précèdent apportent une précision.

der Familien**name**	le nom de famille
das Jugend**haus**	la maison des jeunes
das Schul**buch**	le manuel scolaire
die Telefon**nummer**	le numéro de téléphone

3. Les déterminants

Un déterminant s'accorde avec le nom qu'il accompagne : il change de marque selon le genre et le nombre de ce nom, et aussi selon le cas, c'est-à-dire selon la fonction de ce nom dans la phrase, on dit qu'il se « décline ».

Le déterminant peut être :

a. l'article défini : der, das, die – die

	masculin	neutre	féminin	pluriel
nominatif	de**r** Mann	da**s** Kind	di**e** Frau	di**e** Männer
accusatif	de**n** Mann	da**s** Kind	di**e** Frau	di**e** Männer
datif	de**m** Mann	de**m** Kind	de**r** Frau	de**n** Männer**n**
génitif	de**s** Mann**es**	de**s** Kind**es**	de**r** Frau	de**r** Männer

b. l'article indéfini : ein, ein, eine – Ø

	masculin	neutre	féminin	pluriel
nominatif	ein Mann	ein Kind	ein**e** Frau	Männer
accusatif	eine**n** Mann	ein Kind	ein**e** Frau	Männer
datif	eine**m** Mann	eine**m** Kind	eine**r** Frau	Männer**n**
génitif	ein**es** Mann**es**	ein**es** Kind**es**	eine**r** Frau	Männer

c. l'adjectif possessif : mein-, dein-, sein-, ihr-

Pronom	Adjectif possessif
ich →	mein-
du →	dein-
er/es →	sein-
sie →	ihr-

Pronom	Adjectif possessif
wir →	unser-
ihr →	euer-/eur-
sie →	ihr-
Sie →	Ihr-

Les adjectifs possessifs se déclinent au singulier comme l'article indéfini ***ein-***. Ils permettent d'indiquer l'appartenance.

	masculin	neutre	féminin	pluriel
nominatif	mein Lehrer	mein Haus	meine Schwester	meine Bücher
accusatif	meine**n** Lehrer	mein Haus	meine Schwester	meine Bücher
datif	meine**m** Lehrer	meine**m** Haus	mein**er** Schwester	meine**n** Bücher**n**
génitif	mein**es** Lehrer**s**	mein**es** Haus**es**	mein**er** Schwester	mein**er** Bücher

„Ich habe einen Bruder und eine Schwester, **mein** Bruder heißt Tom und **meine** Schwester Lea."
„Leon, wie heißt **deine** Schwester?"

→ **À la 3e personne du singulier, il existe deux adjectifs possessifs : *sein- et ihr-*.**

sein- fait référence à un possesseur masculin ou neutre, ***ihr-*** à un possesseur féminin.

Alexander hat zwei Geschwister. **Sein** Bruder heißt Leon und **seine** Schwester Sibylle.
Sandra hat zwei Geschwister: **Ihr** Bruder heißt Leo, **ihre** Schwester heißt Anja.

Tu peux comparer avec l'anglais : **his** brother / **her** cat.

→ **L'appartenance peut s'exprimer encore de deux autres façons :**

– avec la préposition ***von*** : Der Bruder **von** Alexander heißt Leon.
Leonie ist die Freundin **von** Hannes.
– avec le génitif saxon (marque **-s** ou simple apostrophe pour les noms déjà terminés par un **-s**) : Alexander**s** Bruder heißt Leon.
Leonie ist Hannes**'** Freundin.

4. Les pronoms personnels : on peut remplacer les noms par des pronoms, par exemple pour éviter des répétitions lorsque le contexte est connu.

	Singulier					Pluriel			Forme de politesse
	1re pers.	2e pers.	3e pers. masculin	3e pers. neutre	3e pers. féminin	1re pers.	2e pers.	3e pers.	
nominatif	ich	du	er	es	sie	wir	ihr	sie	Sie
accusatif	mich	dich	ihn	es	sie	uns	euch	sie	Sie
datif	mir	dir	ihm	ihm	ihr	uns	euch	ihnen	Ihnen

Ich habe **einen Hamster**. **Er** heißt Lotti. Ich habe **ihn** gern.

Ich habe **ein Pferd**. **Es** heißt Prinz Paro. Ich liebe **es**.

Ich habe **eine Katze, Lola**. **Sie** ist 2 Jahre alt. Ich finde **sie** lieb.

Wir haben zwei **Kaninchen**. **Sie** heißen Chip und Chap. Ich finde **sie** sehr schön.

5. Les pronoms réfléchis à l'accusatif

Les formes des pronoms réfléchis sont identiques à celles des pronoms personnels à l'accusatif, sauf pour la 3e personne (singulier et pluriel). Un certain nombre de verbes qui sont pronominaux en français le sont aussi en allemand. Il convient cependant de le vérifier dans un dictionnaire le cas échéant.

Ich muss **mich** konzentrieren.

	1re personne		2e personne		3e personne	
	SING.	PLUR.	SING.	PLUR.	SING.	PLUR.
accusatif	mich	uns	dich	euch	sich	sich

6. Les adjectifs : qualifier un groupe nominal

a. L'adjectif attribut est toujours invariable.

Mein Vater ist **nett**. Meine Eltern sind **nett**.

b. L'adjectif épithète est toujours placé avant le nom qu'il qualifie. Il porte la marque en cas d'absence de déterminant ou lorsque celui-ci ne peut recevoir la marque. Dans les autres cas, il porte la désinence **e** ou **en**.

Der klein**e** Hund? Das ist Svens Hund!
Er hat ein**en** rot**en** Teppich.
Ich mag de**n** rot**en** Teppich.
Ein braun**er** Hund? Das ist Marias Hund!

	masculin	neutre	féminin	pluriel
nominatif	de**r** klein**e** Hund ein klein**er** Hund	da**s** klein**e** Tier ein klein**es** Tier	di**e** grau**e** Katze ein**e** grau**e** Katze	di**e** klein**en** Hunde klein**e** Hunde
accusatif	de**n** klein**en** Hund ein**en** klein**en** Hund	da**s** klein**e** Tier ein klein**es** Tier	di**e** grau**e** Katze ein**e** grau**e** Katze	di**e** klein**en** Hunde klein**e** Hunde
datif	de**m** klein**en** Hund ein**em** klein**en** Hund	de**m** klein**en** Tier ein**em** klein**en** Tier	de**r** grau**en** Katze ein**er** grau**en** Katze	de**n** klein**en** Hunde**n** klein**en** Hunde**n**
génitif	de**s** klein**en** Hundes ein**es** klein**en** Hundes	de**s** klein**en** Tieres ein**es** klein**en** Tieres	de**r** grau**en** Katze ein**er** grau**en** Katze	de**r** klein**en** Hunde klein**er** Hunde

c. Le comparatif

Il se forme en ajoutant ***-er*** à l'adjectif. Les adjectifs monosyllabiques en *-a*, *-o*, et *-u* prennent en plus un *Umlaut* lorsqu'ils sont réguliers. Les comparatifs irréguliers sont à mémoriser. Le complément du comparatif est introduit par ***als***.

Für sie ist es **leichter**. Es ist einfach **kürzer als** Hochdeutsch!
Sie sind in der Schule **besser als** einsprachige Kinder.

d. Le superlatif

Pour former le superlatif, on ajoute ***-st-*** à l'adjectif. Les adjectifs monosyllabiques voient leur voyelle modifiée par l'ajout du *Umlaut* : *a* → ***ä***, *o* → ***ö***, *u* → ***ü***. En tant que membre du groupe nominal, l'adjectif au superlatif suit la déclinaison de l'adjectif épithète.

forme de base	comparatif de supériorité	superlatif
schön	schön**er**	d… schön**st**-/am schön**sten**
alt lang groß hoch	**ä**lt**er** l**ä**ng**er** gr**ö**ß**er** h**ö**h**er**	d… **ä**lt**est**-/am **ä**lt**esten** d… l**ä**ng**st**-/am l**ä**ng**sten** d… gr**ö**ß**t**-/am gr**ö**ß**ten** d… h**ö**ch**st**-/am h**ö**ch**sten**
gern gut viel	**lieber** **besser** **mehr**	am lieb**sten** d… **best**-/am **besten** **am meisten**

e. Les adjectifs substantivés

Les adjectifs peuvent se transformer en noms. On parle alors d'adjectifs substantivés. Ils prennent une majuscule et se déclinent comme des adjectifs : *der Deutsche/ein Deutscher, der Jugendliche/ein Jugendlicher, der Bekannte/ein Bekannter.*

Le groupe verbal

1. Les différents types de verbes au présent de l'indicatif

a. Le verbe sein et le verbe haben

„Wie alt **bist** du?" „Ich **bin** 12."
„Was für ein Tier **hast** du?" „Ich **habe** eine Katze."

	sein	haben
ich	bin	hab**e**
du	bist	has**t**
er, es, sie	ist	ha**t**

	sein	haben
wir	sind	hab**en**
ihr	seid	hab**t**
sie/Sie	sind	hab**en**

b. Les verbes faibles

	wohnen
ich	wohn**e**
du	wohn**st**
er, es, sie	wohn**t**
wir	wohn**en**
ihr	wohn**t**
sie/Sie	wohn**en**

c. Les verbes forts avec changement de voyelle

	fahren	helfen	sehen
ich	fahr**e**	helf**e**	seh**e**
du	f**ä**hr**st**	h**i**lf**st**	s**ie**h**st**
er, es, sie	f**ä**hr**t**	h**i**lf**t**	s**ie**h**t**
wir	fahr**en**	helf**en**	seh**en**
ihr	fahr**t**	helf**t**	seh**t**
sie/Sie	fahr**en**	helf**en**	seh**en**

marques
e
st
t
en
t
en

d. Les verbes à préverbe séparable

Certains verbes sont formés d'une base verbale et d'un préverbe séparable. Le préverbe est toujours accentué. Le préverbe séparable modifie le sens du verbe de base.

aufstehen → Ich stehe um 7 Uhr **auf**. / Ich bin **auf**gestanden.
fernsehen → Er sieht **fern**. / Er hat **fern**gesehen.

e. Les verbes à préverbe inséparable

Certains verbes ont un préverbe inséparable. Le préverbe n'est jamais accentué et reste toujours attaché au verbe de base. Le participe II se forme sans l'augment ***ge-***. Le préverbe inséparable modifie ou change le sens du verbe de base.

be̲kommen → Wer be̲kommt den ersten Preis? / Ich habe den ersten Preis be̲kommen.

Les préverbes inséparables : *be-, emp-, ent-, er-, ge-, miss-, ver-, zer-*

f. Les verbes de modalité

Dire… ce que l'on aime avec le verbe ***mögen***.
ce que l'on veut faire avec le verbe ***wollen***.
ce que l'on est obligé de faire avec le verbe ***müssen***.
ce que l'on nous demande de faire ou ce que l'on a entendu dire avec le verbe ***sollen***.
ce que l'on peut faire ou que l'on est capable de faire avec le verbe ***können***.
ce que l'on a le droit de faire avec le verbe ***dürfen***.

	mögen	**wollen**	**müssen**	**sollen**	**können**	**dürfen**
ich	mag	will	muss	soll	kann	darf
du	mag**st**	will**st**	muss**t**	soll**st**	kann**st**	darf**st**
er, es, sie	mag	will	muss	soll	kann	darf
wir	mög**en**	woll**en**	müss**en**	soll**en**	könn**en**	dürf**en**
ihr	mög**t**	woll**t**	müss**t**	soll**t**	könn**t**	dürf**t**
sie/Sie	mög**en**	woll**en**	müss**en**	soll**en**	könn**en**	dürf**en**

marques
–
st
–
en
t
en

Ich **mag** Tennis. Ich **kann** schon gut spielen.
Ich **will** morgen mit David spielen. Ich **muss** um 4 Uhr bei ihm sein.
Mein Trainer sagt, ich **soll** am Freitag zum Training kommen.
Ich **darf** im Sommer zum Trainingscamp. Das ist toll.

2. Le parfait et le prétérit : raconter un événement passé

a. Le parfait

Le parfait est un temps composé. Il se forme avec l'auxiliaire ***haben*** ou l'auxiliaire ***sein*** conjugué au présent et le participe II du verbe qui correspond en français au participe passé.

Ich **bin** ins Kino **gegangen**.
Wir **haben** eine Radtour **gemacht**.

- **Le choix de l'auxiliaire**

On utilise l'auxiliaire ***sein*** avec :

– sein, werden et bleiben :

Wir **sind** drei Wochen in England **gewesen.**
Sie **ist** 14 **geworden.**
Er **ist** zwei Wochen in Spanien **geblieben.**

– les verbes intransitifs exprimant un changement de lieu, d'état ou de position :

Wir **sind** nach Dresden **gefahren.**
Ich **bin** spät **eingeschlafen.**
Er **ist** um 7 Uhr **aufgestanden.**

On utilise l'auxiliaire ***haben*** avec tous les autres verbes.

Wir **haben** Eis **gegessen.**

- **La formation du participe II**

1. Le participe II des verbes faibles se termine toujours par [***-t***].

   ge + (radical) + [**-t**]

   Wir haben einen Ausflug **ge**mach**t.**

2. Le participe II des verbes forts se termine toujours par [***-en***].

   ge + (radical parfois modifié) + [**-en**]

   Frau Buschmann hat uns **ge**[**holf**]**en.**

3. Les verbes non accentués sur la première syllabe ne prennent pas **-ge**.

   (radical parfois modifié) + [**-t**] ou [**-en**]

   Wir haben ein Museum besichtig**t.**

b. Le prétérit

Le prétérit est un temps simple. Il est utilisé à l'oral pour les auxiliaires et les verbes de modalité. Il appartient la plupart du temps au registre de l'écrit.

Sie **war** neugierig auf diesen Daniel.
Die Dinosaurier **lebten** vor vielen Millionen Jahren.

	auxiliaires de temps			verbe faible	verbe fort
	sein	**haben**	**werden**	**leben**	**fahren**
ich	war	hat**te**	wurde	leb**te**	fuhr
du	war**st**	hat**test**	wurd**est**	leb**test**	fuhr**st**
er, es, sie	war	hat**te**	wurde	leb**te**	fuhr
wir	war**en**	hat**ten**	wurd**en**	leb**ten**	fuhr**en**
ihr	war**t**	hat**tet**	wurd**et**	leb**tet**	fuhr**t**
sie/Sie	war**en**	hat**ten**	wurd**en**	leb**ten**	fuhr**en**

c. Le prétérit des verbes de modalité

	mögen	wollen	müssen	sollen	können	dürfen
ich	moch**te**	woll**te**	muss**te**	soll**te**	konn**te**	durf**te**
du	moch**test**	woll**test**	muss**test**	soll**test**	konn**test**	durf**test**
er, es, sie	moch**te**	woll**te**	muss**te**	soll**te**	konn**te**	durf**te**
wir	moch**ten**	woll**ten**	muss**ten**	soll**ten**	konn**ten**	durf**ten**
ihr	moch**tet**	woll**tet**	muss**tet**	soll**tet**	konn**tet**	durf**tet**
sie/Sie	moch**ten**	woll**ten**	muss**ten**	soll**ten**	konn**ten**	durf**ten**

marques
te
test
te
ten
tet
ten

3. Le futur

Le futur en allemand est un temps composé. L'auxiliaire du futur est le verbe **werden** qui a comme complément un **infinitif**. Il est cependant fréquent d'exprimer le futur par un complément circonstanciel de temps tout en utilisant le présent de l'indicatif.

Ich **werde** in Wien **arbeiten**. **Nächste Woche** fahre ich an die Ostsee.

ich	werde	... in Berlin wohnen
du	wirst	
er, es, sie	wird	
wir	werden	
ihr	werdet	
sie/Sie	werden	

4. Le subjonctif II

a. présent

Le subjonctif II est un mode. Au présent, il permet d'exprimer :

– ce que l'on aimerait faire : Ich **möchte** ins Kino gehen. → *J'aimerais aller au cinéma.*
– ce que l'on aimerait être : Ich **wäre** gerne selbstbewusst.
– une hypothèse qui relève de l'irréel : Wenn ich ein Tier **wäre**, **wäre** ich gerne eine Schildkröte.

	auxiliaires de temps		verbe faible	verbe fort
	sein	**haben**	**leben**	**fahren**
ich	w**ä**r**e**	h**ä**tt**e**	w**ü**rd**e** ... leben	f**ü**hre
du	w**ä**r**est**	h**ä**tt**est**	w**ü**rd**est** ... leben	f**ü**hrest
er, es, sie	w**ä**r**e**	h**ä**tt**e**	w**ü**rd**e** ... leben	f**ü**hre
wir	w**ä**r**en**	h**ä**tt**en**	w**ü**rd**en** ... leben	f**ü**hren
ihr	w**ä**r**et**	h**ä**tt**et**	w**ü**rd**et** ... leben	f**ü**hret
sie/Sie	w**ä**r**en**	h**ä**tt**en**	w**ü**rd**en** ... leben	f**ü**hren

Le subjonctif II présent des verbes de modalité

	mögen	**wollen**	**müssen**	**sollen**	**können**	**dürfen**
ich	möch**te**	woll**te**	müss**te**	soll**te**	könn**te**	dürf**te**
du	möch**test**	woll**test**	müss**test**	soll**test**	könn**test**	dürf**test**
er, es, sie	möch**te**	woll**te**	müss**te**	soll**te**	könn**te**	dürf**te**
wir	möch**ten**	woll**ten**	müss**ten**	soll**ten**	könn**ten**	dürf**ten**
ihr	möch**tet**	woll**tet**	müss**tet**	soll**tet**	könn**tet**	dürf**tet**
sie/Sie	möch**ten**	woll**ten**	müss**ten**	soll**ten**	könn**ten**	dürf**ten**

marques
te
test
te
ten
tet
ten

b. passé

Au passé, le subjonctif II se construit avec l'auxiliaire *haben* ou *sein* + participe II. Il permet d'exprimer un regret au sujet d'un événement du passé. Lorsque la subordonnée se construit sans *wenn*, l'auxiliaire occupe la première place de la subordonnée.

Wenn ich es **gewusst hätte**, **wäre** ich nicht **gekommen**.

Hätte ich es **gewusst**, **wäre** ich nicht **gekommen**.

5. Le passif présent et prétérit

Le passif est plus fréquent en allemand qu'en français. Il permet de centrer sur l'action plutôt que sur l'acteur. Le passif n'est possible qu'avec des verbes transitifs (verbes suivis directement d'un complément à l'accusatif). Il se forme avec l'auxiliaire *werden* et le participe II. (L'auxiliaire *werden* détermine le temps du passif.)

passif présent : *Die Kakaobohne* ***wird fermentiert*** *und* ***getrocknet****.*

passif prétérit : *Der Limes* ***wurde*** *im 1. Jahrhundert nach Jesus Christus* ***gebaut****.*

6. Les différents types de phrase

a. Les déclaratives : Le verbe conjugué occupe toujours la 2ᵉ place.

Ich	**habe**	um 9	Mathe.
sujet	verbe conjugué	complément	complément

Pour mettre un élément en relief, on le place en tête de phrase. Il ne peut y avoir qu'un seul élément (même composé de plusieurs mots) à cette place. La première place étant occupée, le verbe conjugué étant obligatoirement en 2ᵉ place, le sujet se place alors après le verbe.

Um 9	**habe**	ich	Mathe.
complément	verbe conjugué	sujet	complément

b. Les interrogatives : Le verbe occupe la première ou la deuxième place.

Il existe deux types d'interrogatives :

- Dans l'interrogative **partielle**, la question porte sur une **partie** de l'énoncé. Elle est introduite par un pronom interrogatif.

Wer **ist** das? Wo **wohnst** du? Wie alt **bist** du?

Wie **heißt** du? Wann **kommt** er?

→ Le verbe occupe la 2ᵉ place.

- Dans l'interrogative **globale**, la question porte sur l'énoncé **entier**. On y répond par Ja ou Nein.

  Hast du Geschwister? **Wohnt** sie auch in Göttingen?

  → Le verbe occupe la 1re place.

c. Les subordonnées : le verbe conjugué occupe la dernière place.

- **La subordonnée** est toujours séparée de la principale par une virgule.

Conjonctions	Traduction	Exemples
weil	parce que	Ich finde, **dass** Umweltschutz wichtig ist.
da	comme, étant donné que	**Da** du nicht kommen kannst, können wir nicht weiter arbeiten.
dass	que	Ich bin traurig, **weil** Papa in Wien wohnt.
ob	si (interrogative indirecte)	Sie weiß nicht, **ob** Alex kommt.
wenn	quand, si	Ich mag nicht, **wenn** jemand lügt.
während	pendant que, alors que	**Während** sich die Familien aneinander gewöhnen, fliegen Witze und Klischees durch die Luft.
als	quand, lorsque (événement unique dans le passé)	Er hat dieses Bild gemalt, **als** er 32 Jahre alt war.
obwohl	bien que	Ich mache mit, **obwohl** ich nicht alles verstanden habe.

- La subordonnée relative permet d'apporter une précision sur un élément de la phrase principale.
  Le pronom relatif s'accorde en nombre et en genre avec son antécédent.
  Dans l'exemple ci-dessous, le pronom relatif est le sujet du verbe de la subordonnée.

  Ich lese einen Roman, **der** in Paris spielt.

	masculin	neutre	féminin	pluriel
nominatif	der	das	die	die
accusatif	den	das	die	die

d. Les injonctives : le verbe occupe la première place.

- Impératif 2e personne du singulier : Komm!

  → Attention : les verbes forts en **-e-** prennent **i** ou **ie** à la 2e personne du singulier.
  Gib mir deine Adresse! S**ie**h gut zu!
  mais les verbes forts en ***-a-*** ne modifient pas leur voyelle : Schl***a***f gut!

- Impératif 1re personne du pluriel : Gehen wir…! – Schlafen wir…!
- Impératif 2e personne du pluriel : Kommt!
  Schlaft gut!
  Gebt mir eure Adresse!

- Impératif Forme de politesse : Kommen Sie! – Schlafen Sie gut! – Geben Sie mir Ihre Adresse!

e. La proposition infinitive avec zu

- Elle fonctionne comme complément du groupe verbal. En général, elle est séparée de la principale par une virgule. Le ***zu*** se place juste avant le verbe à l'infinitif, celui-ci occupant la place finale.

  Mir macht es auch Spaß, in der Schule Englisch und Französisch **zu lernen**.

f. La proposition infinitive de but avec um … zu …

- Elle permet d'indiquer dans quel but on agit. La proposition infinitive de but est introduite par ***um*** et séparée de la principale par une virgule ; ***zu*** se place avant le verbe à l'infinitif.

  Seit Monaten arbeiten Schüler in der „Lupila-AG", **um** Geld für eine Solaranlage **zu sammeln**.
  Was braucht man, **um** Tutor **zu werden**?

g. La proposition infinitive avec ohne … zu …

- Elle permet de signaler l'absence de quelque chose : Er ist gekommen, **ohne** mich vorher **zu informieren**.

h. La proposition infinitive avec anstatt … zu …

- Elle indique qu'une action se substitue à une autre : Er behält es für sich, **anstatt** mit seinen Eltern darüber **zu sprechen**.

7. La coordination

Les conjonctions de coordination permettent de relier deux éléments. Elles n'ont aucune incidence sur la place des éléments.

a. La conjonction de coordination ***und*** permet de relier deux idées :
Am Montagnachmittag habe ich Fußball, **und** am Abend habe ich Klavier.

b. La conjonction de coordination ***aber*** exprime une opposition par rapport à ce qui a été dit :
Er möchte zum Eishockey, **aber** er kann nicht.

c. La conjonction de coordination ***denn*** établit un lien de cause :
Meine Großeltern haben viel Zeit für mich, **denn** sie sind Rentner.

d. La conjonction de coordination ***oder*** permet d'exprimer une alternative :
Wir gehen zum Skatepark **oder** wir spielen Fußball.

8. La négation : dire ce que l'on n'a pas ou ce que l'on n'aime pas.

a. La négation avec le déterminant kein

Elle sert à nier un groupe nominal.
Le déterminant ***kein-*** se place avant le nom et s'accorde selon le genre, le nombre et le cas du nom qu'il accompagne.

Ich habe **kein** Haustier.
Ich habe **keine** Geschwister.

Le déterminant ***kein*** se décline comme ***ein***, mais il a aussi une forme de pluriel.

	masculin	neutre	féminin	pluriel
nominatif	kein Hund	kein Haustier	kein**e** Katze	kein**e** Hunde
accusatif	kein**en** Hund	kein Haustier	kein**e** Katze	kein**e** Hunde

b. La négation avec nicht

Elle sert à nier un groupe verbal.

Cette négation se place	
– avant un groupe prépositionnel :	Sie geht **nicht** zum Training.
– avant un adjectif attribut ou un adverbe :	Er schläft **nicht** gut.
– après un groupe nominal défini :	Er mag diese Rockgruppe **nicht**.

c. La négation nicht nur…, sondern auch…

Elle permet d'évoquer deux aspects d'une réalité. ***sondern*** se traduit en français par « mais », comme la conjonction de coordination ***aber***. Cependant, ***sondern*** est utilisé en allemand après une négation (***nicht***, ***nicht nur***, ***kein-***).

Le groupe prépositionnel

1. Dire où l'on est

On utilise le locatif.

a. avec un nom de pays ou de ville sans article : ***in***

Ich wohne **in** Frankfurt.
Er lebt **in** Österreich.

b. avec un nom de pays ou un nom commun avec article :
préposition + datif

Wir feiern **im** Garten.
Ich wohne **in** eine**m** Haus.
Wir wohnen **in** de**r** Schweiz.

masculin + neutre	féminin
in … **m**	**in** … **r**
in dem/im	

Das erste Automobil fährt zum ersten Mal **auf der Straße**.

c. avec un nom de personne : ***bei*** + datif

Am Mittwoch bin ich **bei** meine**r** Oma.
Er ist **bei** seine**n** Großeltern.

masculin + neutre	féminin	pluriel
bei … **m**	**bei** … **r**	**bei** … **n** … n
bei dem … / beim		

d. Une tournure idiomatique : **zu Hause**

Ich bin schon **zu Hause**.

2. Dire où l'on va

On utilise le directif.

Le directif indique un changement de lieu. Souvent, le mouvement est indiqué par le verbe, le directif double alors l'information ou apporte une précision supplémentaire : mouvement vers un lieu et non pas à l'intérieur du lieu. Il permet également, notamment à l'oral, de se passer du verbe tout en insistant sur le déplacement : *Ich: … ins Bad, in die Küche! = Ich gehe ins Bad.*

a. avec un nom de pays ou de ville sans article : **nach**

Wir fahren **nach** Dresden. – Wir sind **nach** Ägypten gefahren. – Ich gehe **nach** Hause.

b. avec une personne, un lieu : ***zu*** + datif

Ich gehe **zu** meine**r** Freundin.
Ich gehe **zum** Bäcker.
Ich gehe **zur** Post.

masculin + neutre	féminin	pluriel
zu … m	**zu … r**	**zu … n …** n
zu dem / zum	**zu der / zur**	

c. avec un nom de pays ou un nom commun avec article : préposition + accusatif

Ich gehe **in** de**n** Physikraum.
Ich … **ins** Bad, in **die** Küche!
Ich fahre **in** die Schweiz.

masculin	neutre	féminin	pluriel
in den	**in das**	**in die**	**in die …**
	ins		

3. Dire d'où l'on vient

a. Pour indiquer de quelle ville, de quel pays, de quelle région on vient : aus + datif

Ich komme **aus** Berlin / **aus** Österreich / **aus** Bayern.

b. Pour indiquer son itinéraire : von + datif

Ich komme **von** Berlin / **vom** Bahnhof / **von** der Schule.

4. Parler de la date, de l'heure, de la saison :

Le complément de temps est introduit par **am, im, um** ou **zu**.

a. date ou jour : **an** + datif **(am)** — Ich habe **am** 5. Januar Geburtstag.
b. mois ou saison : **in** + datif **(im)** — **Im** Februar 1914 reiste Kandinsky nach Tunesien.
c. horaire : **um** — **Um** 4 Uhr habe ich Mathe.
d. fête : **zu** + datif — **Zu** Weihnachten kommt er nach Paris.

Les prépositions (tableau récapitulatif)

prépositions + accusatif	durch – für – gegen – ohne – um
prépositions + datif	aus – bei – mit – nach – seit – von – zu
prépositions mixtes (directif : accusatif) (locatif : datif)	an – auf – hinter – in – neben – unter – über – vor – zwischen
prépositions + génitif	trotz – während – wegen

5. Dire avec qui on fait quelque chose : mit + datif

Ich spreche **mit** meine**m** Bruder.
Ich gehe **mit** meine**r** Klasse ins Museum.

masculin / neutre	féminin	pluriel
mit ... **m** ...	**mit** ... **r** ...	**mit** ... **n** ... n

6. Les adverbes démonstratifs

Les adverbes démonstratifs remplacent un groupe prépositionnel ou une proposition. Ils permettent d'établir un lien avec ce qui précède et d'éviter des répétitions. Ils ne peuvent pas être utilisés pour désigner des personnes. Leur formation est simple : ***da*** + **préposition**. Il faut intercaler un ***r*** si la préposition débute par une voyelle : ***da*** + ***r*** + **préposition**.

Warum es nicht so geblieben ist? **Daran** bin ich selbst schuld.
Bist du **für Schuluniformen**? Ja, ich bin **dafür**.

I. Liste de verbes faibles irréguliers

infinitif	prétérit	parfait	sens
brennen	brannte	hat … gebrannt	brûler
bringen	brachte	hat … gebracht	apporter
denken	dachte	hat … gedacht	penser
kennen	kannte	hat … gekannt	connaître
nennen	nannte	hat … genannt	nommer
rennen	rannte	ist … gerannt	courir

II. Liste de verbes forts (par série apophonique)

infinitif	présent	prétérit	parfait	sens courant
	3e personne singulier (er, sie, es …)			
en a				
ein/laden	lädt … ein	lud … ein	hat … eingeladen	inviter
fahren	fährt	fuhr	ist … gefahren	aller (véhicule)
tragen	trägt	trug	hat … getragen	porter
schlagen	schlägt	schlug	hat … geschlagen	battre
wachsen	wächst	wuchs	ist … gewachsen	croître, grandir
fallen	fällt	fiel	ist … gefallen	tomber
halten	hält	hielt	hat … gehalten	tenir
lassen	lässt	ließ	hat … gelassen	laisser
schlafen	schläft	schlief	hat … geschlafen	dormir
fangen	fängt	fing	hat … gefangen	attraper
en au				
laufen	läuft	lief	ist … gelaufen	courir
en e				
lesen	liest	las	hat … gelesen	lire
sehen	sieht	sah	hat … gesehen	voir
essen	isst	aß	hat … gegessen	manger
fressen	frisst	fraß	hat … gefressen	manger (animaux)
geben	gibt	gab	hat … gegeben	donner
vergessen	vergisst	vergaß	hat … vergessen	oublier
brechen	bricht	brach	hat … gebrochen	briser, rompre
nehmen	nimmt	nahm	hat … genommen	prendre
sprechen	spricht	sprach	hat … gesprochen	parler
treffen	trifft	traf	hat … getroffen	rencontrer
helfen	hilft	half	hat … geholfen	aider
werfen	wirft	warf	hat … geworfen	jeter
empfehlen	empfiehlt	empfahl	hat … empfohlen	recommander
gehen	geht	ging	ist … gegangen	aller
stehen	steht	stand	hat/ist … gestanden	être debout, se trouver

en i				
f**i**nden	findet	f**a**nd	hat … gef**u**nden	trouver
tr**i**nken	trinkt	tr**a**nk	hat … getr**u**nken	boire
verschw**i**nden	verschwindet	verschw**a**nd	ist … verschw**u**nden	disparaître
gew**i**nnen	gewinnt	gew**a**nn	hat … gew**o**nnen	gagner
schw**i**mmen	schwimmt	schw**a**mm	ist … geschw**o**mmen	nager
s**i**tzen	sitzt	s**a**ß	hat/ist … ges**e**ssen	être assis
en ie				
sch**ie**ßen	schießt	sch**o**ss	hat … gesch**o**ssen	tirer (ballon, fusil)
schl**ie**ßen	schließt	schl**o**ss	hat … geschl**o**ssen	fermer
gen**ie**ßen	genießt	gen**o**ss	hat … gen**o**ssen	profiter, apprécier
b**ie**gen	biegt	b**o**g	hat … geb**o**gen	tordre, courber
b**ie**ten	bietet	b**o**t	hat … geb**o**ten	offrir
fl**ie**gen	fliegt	fl**o**g	ist … gefl**o**gen	voler (avion)
z**ie**hen	zieht	z**o**g	hat … gez**o**gen	tirer
l**ie**gen	liegt	l**a**g	hat/ist … gel**e**gen	être couché, se trouver
en ei				
bl**ei**ben	bleibt	bl**ie**b	ist … gebl**ie**ben	rester
entsch**ei**den	entscheidet	entsch**ie**d	hat … entsch**ie**den	décider
schr**ei**ben	schreibt	schr**ie**b	hat … geschr**ie**ben	écrire
st**ei**gen	steigt	st**ie**g	ist … gest**ie**gen	monter
gl**ei**chen	gleicht	gl**i**ch	hat … gegl**i**chen	ressembler
gr**ei**fen	greift	gr**i**ff	hat … gegr**i**ffen	saisir
r**ei**ten	reitet	r**i**tt	ist … ger**i**tten	monter à cheval
str**ei**ten, sich	streitet sich	str**i**tt sich	hat sich … gestr**i**tten	se disputer
h**ei**ßen	heißt	h**ie**ß	hat … geh**ei**ßen	s'appeler
en o				
k**o**mmen	kommt	k**a**m	ist … gek**o**mmen	venir
en u				
r**u**fen	ruft	r**ie**f	hat … ger**u**fen	appeler
t**u**n	tut	t**a**t	hat … get**a**n	faire

III. Liste de verbes forts (par ordre alphabétique)

infinitif	présent	prétérit	parfait	sens courant
	3e personne singulier (er, sie, es ...)			
an/fangen	fängt an	fing an	hat ... angefangen	commencer
an/rufen	ruft an	rief an	hat ... angerufen	appeler (téléphone)
an/ziehen	zieht an	zog an	hat ... angezogen	mettre (un vêtement)
auf/fallen	fällt auf	fiel auf	ist ... aufgefallen	attirer l'attention/frapper l'imagination
aus/steigen	steigt aus	stieg aus	ist ... ausgestiegen	descendre (voiture, train...)
befinden, sich	befindet sich	befand sich	hat sich ... befunden	se trouver
beschließen	beschließt	beschloss	hat ... beschlossen	décider
bewerben, sich	bewirbt sich	bewarb sich	hat sich ... beworben	se porter candidat
biegen	biegt	bog	hat ... gebogen	tordre, courber
bieten	bietet	bot	hat ... geboten	offrir
bleiben	bleibt	blieb	ist ... geblieben	rester
brechen	bricht	brach	hat ... gebrochen	briser, rompre
ein/laden	lädt ... ein	lud ... ein	hat ... eingeladen	inviter
empfehlen	empfiehlt	empfahl	hat ... empfohlen	recommander
entscheiden	entscheidet	entschied	hat ... entschieden	décider
erfahren	erfährt	erfuhr	hat ... erfahren	apprendre (une information)
erfinden	erfindet	erfand	hat ... erfunden	inventer
ergreifen	ergreift	ergriff	hat ... ergriffen	saisir
erhalten	erhält	erhielt	hat ... erhalten	recevoir
essen	isst	aß	hat ... gegessen	manger
fahren	fährt	fuhr	ist ... gefahren	aller (véhicule)
fallen	fällt	fiel	ist ... gefallen	tomber
fangen	fängt	fing	hat ... gefangen	attraper
finden	findet	fand	hat ... gefunden	trouver
fliegen	fliegt	flog	ist ... geflogen	voler (avion)
fressen	frisst	fraß	hat ... gefressen	manger (pour les animaux)
geben	gibt	gab	hat ... gegeben	donner
gefallen	gefällt	gefiel	hat ... gefallen	plaire
gehen	geht	ging	ist ... gegangen	aller
genießen	genießt	genoss	hat ... genossen	profiter, apprécier
gewinnen	gewinnt	gewann	hat ... gewonnen	gagner
gleichen	gleicht	glich	hat ... geglichen	ressembler
greifen	greift	griff	hat ... gegriffen	saisir
halten	hält	hielt	hat ... gehalten	tenir
heißen	heißt	hieß	hat ... geheißen	s'appeler
helfen	hilft	half	hat ... geholfen	aider
kommen	kommt	kam	ist ... gekommen	venir
lassen	lässt	ließ	hat ... gelassen	laisser
laufen	läuft	lief	ist ... gelaufen	courir
lesen	liest	las	hat ... gelesen	lire
liegen	liegt	lag	hat/ist ... gelegen	être couché, se trouver
nehmen	nimmt	nahm	hat ... genommen	prendre

reiten	reitet	ritt	ist … geritten	monter à cheval
rufen	ruft	rief	hat … gerufen	appeler
schießen	schießt	schoss	hat … geschossen	tirer (ballon, fusil)
schlafen	schläft	schlief	hat … geschlafen	dormir
schlagen	schlägt	schlug	hat … geschlagen	battre
schließen	schließt	schloss	hat … geschlossen	fermer
schreiben	schreibt	schrieb	hat … geschrieben	écrire
schwimmen	schwimmt	schwamm	ist … geschwommen	nager
sehen	sieht	sah	hat … gesehen	voir
sitzen	sitzt	saß	hat/ist … gesessen	être assis
sprechen	spricht	sprach	hat … gesprochen	parler
stehen	steht	stand	hat/ist … gestanden	être debout, se trouver
steigen	steigt	stieg	ist … gestiegen	monter
streiten, sich	streitet	stritt	hat sich … gestritten	se disputer
tragen	trägt	trug	hat … getragen	porter
treffen	trifft	traf	hat … getroffen	rencontrer
trinken	trinkt	trank	hat … getrunken	boire
tun	tut	tat	hat … getan	faire
um/ziehen	zieht um	zog um	ist … umgezogen	déménager
um/ziehen, sich	zieht sich um	zog sich um	hat sich … umgezogen	se changer
unterhalten, sich	unterhält sich	unterhielt sich	hat sich … unterhalten	parler, échanger
vergessen	vergisst	vergaß	hat … vergessen	oublier
verlassen	verlässt	verließ	hat … verlassen	quitter
verschwinden	verschwindet	verschwand	ist … verschwunden	disparaître
versprechen	verspricht	versprach	hat … versprochen	promettre
vertragen, sich	verträgt sich	vertrug sich	hat sich … vertragen	(bien) s'entendre
vor/schlagen	schlägt vor	schlug vor	hat … vorgeschlagen	proposer
wachsen	wächst	wuchs	ist … gewachsen	croître, grandir
werfen	wirft	warf	hat … geworfen	jeter
ziehen	zieht	zog	hat … gezogen	tirer